MÁS
DE MIS
PENSAMIENTOS

MÁS
DE MIS
PENSAMIENTOS

MANUEL HURTADO E.

Para realizar pedidos de este libro, contacte con:
Palibrio LLC
1663 Liberty Drive
Suite 200
Bloomington, IN 47403
Gratis desde EE. UU. al 877.407.5847
Gratis desde México al 01.800.288.2243
Gratis desde España al 900.866.949
Desde otro país al +1.812.671.9757
Fax: 01.812.355.1576
ventas@palibrio.com
500075

Prólogo

Una etapa más de mis pensamientos en la que a mi mente vienen muchas de las tragedias que nuestra Patria está viviendo, del amor que le sigo guardando a las mujeres que a mi vida llegaron para pertenecerles, a mis nietos que son mi esperanza de perpetuar nuestra historia, yo no he podido engañarme a mí mismo sobre los problemas que le acogen a uno cuando se llega a la vejez que es cuando las cosas hay que meditarlas y tratarlas con mucha meditación pues el tiempo para uno se acorta a cada día y pienso que el plasmar mis impresiones sobre el amor, la tristeza, el mar y tantas aventuras y a la vez problemas del mundo de los que uno vive a través de los años puede ser una manera de influir en la conducta de los demás si se sabe apreciar el bien y todas aquellas cosas que el trabajo, el amor y la buena vida nos da, porque el amor a la Patria nos da una forma de vivir con respeto y dedicación a nuestros ideales que nos forman en la juventud especialmente cuando se ha estudiado en una Escuela Militar como lo fue para mí la Gloriosa Heroica Escuela Naval Militar, donde su instrucción me enseñó a guiar mi vida en los mejores valores humanos y nunca tratar de traicionar esos valores que en ella nos enseñaron que me permitieron desarrollarme en la mejor forma que mi capacidad me permitió, siempre viendo por los míos y trabajar con honestidad y dedicación, de lo cual me siento muy satisfecho por los logros que me dieron en los trabajos que tuve.

En mis pensamientos no he escrito una cadena de pensamientos de amor o de sufrimientos, no, he escrito conforme a mi mente llegan los pensamientos unos tristes otros de amor o de patriotismo pero todos reflejando el momento que viví.

Verdades o mentiras   11-10-10

¿Cómo escuchar de tus labios verdades?
Cuando de ellos solo brotan mentiras,
dices amar y sin embargo demuestras odiar,
dices entregarte con amor y sin embargo demuestras asco,
querer saber tus pensamientos es rogar al cielo por imposibles,
dices saber de todo y sin embargo demuestras ignorancia,
te sabes amada pero tú no sabes amar,
exiges de todo y sin embargo tú no das nada,
exiges atención y sin embargo tú das indiferencia,
rezas al cielo, pero a tí te consume la maldad,
pides ayuda, pero tú la niegas,
exiges comprensión y sin embargo tú la niegas,
buscar en tí sentimentalismo es pedir que las piedras lloren,
al infierno le pido me abra sus puertas,
porque tú jamás dirás o reconocerás tus culpas,
y siempre seré yo el culpable de todos los errores,
amargando la vida de ambos,
porque no se puede vivir en mentira tras mentira,
cuando no se habla con verdades,
cuando no hay sinceridad en los sentimientos,
¿Cómo creer que tú sabes valorar tu vida misma?
Si todo lo refutas.

¿Un amor?   12-12-10

En mi mente solo existías tú,
el sudor me consumía luchando por tu amor,
a tu amor lo encontré como en un río rodeado de piedras,
y me puse a quebrar piedras para alcanzar cruzar el río que nos separaba,
pero sus corrientes me arrastraban que era como se veían cuando comparo tu frialdad,
sólo al precipicio caían las aguas del río,
que era igual como dejabas caer mi amor por tí,
nada en este mundo te hizo amarme,
tú ahora puedes vivir feliz,
mientras que en mí mis esperanzas mueren al no poder cruzar el río que nos separa,
ni quebrando piedras pude romper tu desamor,
pues la vida entre los dos tu desamor fue el río que nos separó,
dejaste que mi vida se precipitara en la cascada del río en que tu indiferencia y
desamor me lanzó,
hundiéndome en la desesperación de no encontrar tu amor,
dejándome ahogar en mi tristeza y tu desamor,
y en ese río dejaste que me arrastrara para deshacerte de mí,
sin siquiera pensar en todo lo que te ofrecía para tu felicidad,
por lo que ahogado en mis tristezas no me queda más que tu recuerdo.

Rencores   12-02-10

Desbordan en mí todo su rencor y su odio,
recurren a maldades que hice,
pero como reflexionar,
cuando en mí fue lo que en mi alma fueron sembrando,
de todo el amor y entrega que pude dar,
recibí golpes lacerantes como son las palabras,
palabras que cargadas de odio y asco me daban,
sumar acciones y desprecios me indujeron a la misma maldad,
maldad salvaje que se reventó dentro de mi ser,
extrajeron de mí lo que nunca creí tener,
golpe tras golpe cegaron mis sentimientos,
y hoy que recibo lo que sembré,
hoy pregunto: ¿y los que ellos sembraron?
¿Dónde habrá quedado su conciencia?
Conciencia de quienes me golpearon con sus palabras de odio,
y hoy les brota de su voz tanto reproche hacia mí,
pero claro nunca a ellos causantes de su propia maldad,
por que se ve que a ellos la maldad les recompensa,
mientras que a seres como yo nos destruyen,
pero el cielo nos ayuda a levantarnos para vencer en algo su maldad.

Decepciones 12-20-10

Invade mi alma una gran decepción,
la vida se ha tornado oscura y triste,
la ha descubierto la maldad que la humanidad da,
hoy no encuentro luz, es tanta la maldad que hoy veo que me ha dejado ciego,
hijos matando a sus padres,
jóvenes blandiendo armas de destrucción,
jóvenes perdiendo sus vidas en los vicios,
y con la excusa del hambre, la pobreza o el desempleo se justifican,
hoy empieza a verse perdida la inteligencia del humano,
hoy se ve que cada vez somos más parecidos a los animales,
hoy vemos que destruyen con guerras y perdición lo que Dios nos creó como paraíso,
¿Cómo llegaremos al final del camino?
Ante tanta desgracia y maldad humana,
ya no se vislumbra un mundo civilizado,
cada vez se torna más en animal,
ya que como los animales que marcan su territorio,
así ha marcado con su discriminación, su ambición de poder y su maldad a los países la humanidad,
como los animales, la humanidad solo vive cumpliendo su ciclo ecológico de sobrevivencia,
hoy al igual el ser humano como el animal ha cumplido en demostrar que es un animal más,
marcando su territorio y matando a quien lo cruce.

Belleza infantil

12-22-10

Tu belleza es como la de una estrella en la quietud de la noche,
incomparables porque encierras un encanto indescriptible,
tu rostro infantil permite soñar en un profundo amor,
en el color de tus ojos se encuentran los colores de un paraíso de amor,
pensar en amarte es invocar a los ángeles del cielo,
porque en tí tu inocencia angelical me envuelve en los aires de la gloria,
de tus labios brotan palabras con sabor a miel,
inconmensurable será el amarte,
porque en tí se encuentra el ideal perfecto de mujer,
en tu caminar dejas ver tu silueta llena de perfección como mujer,
¿Cómo podré engrandecerme para poder acercar mis palabras de amor a tí?
El solo pensar en amarte mi mente gira como un remolino de sueños,
amarte sí, será bajar la gloria del paraíso a este ser que enamorado está de tí,
deja acercar mi alma a la tuya,
que el más profundo amor brotará entre los dos,
y juntos podremos recorrer este mundo de lágrimas,
como en una nube celestial que es en lo que en tus ojos reflejas.

Mi vida en pedazos 10-13-10

La vida se me hace pedazos en las manos,
los recuerdos brincan en mi mente,
algunos inolvidables, pero la mayoría dolorosos,
hoy el llanto me desgarra,
hoy veo que con nada llenaré los espacios que debí,
hoy veo que me faltó tanta entereza para ser un ejemplo,
hoy veo que amé y que al recibir tanto amor,
hoy veo que no supe valorar el que me dieron,
hoy veo que mi egoísmo me hizo ser tan cruel a la vista de los demás,
hoy digo que sentí tanta inspiración para dar felicidad,
pero hoy veo que nunca me sirvió porque nunca supe encausarla,
hoy tengo que doblegar mi ser ante mi estupidez,
porque hoy veo que no supe dar lo que en mi inspiraron antes de nacer,
que a la vida que me dieron debí llenarla con todo lo mejor que en mí inspiraron,
pero que no supe dar por mi arrogancia y mi orgullo mal llevado,
y hoy que la vida se me hace pedazos,
hoy veo que nada hice para conservarla en una sola pieza,
que quienes esperaron de mi tanto con su inspiración,
hoy lloran por que ven en mí el fracaso de sus mismas inspiraciones,
y ni con su ayuda podré armar mi vida otra vez.

Tiempo de valorar 01-01-11

Dejarme de amar será tu mayor consuelo,
yo que te amé tanto en la vida,
hoy siento que es tiempo de reflexiones,
tiempo de pensar en lo que nos hemos amado,
tiempo en que podrás detallar cada momento juntos en la vida,
tiempo de ver si realmente encendí la llama de tu amor,
tiempo de ver cuánto consumió de tu vida y tu pasión,
tiempo de valorar si efectivamente hubo fuego en tu corazón,
tiempo de ver si dulzura o hiel hubo en nuestros besos,
tiempo de recordar cada palabra dulce o hiriente,
hoy quisiera poner con gentileza mis palabras de incertidumbre,
sí, en la balanza de la vida,
porque hoy parece que tu amor se desvaneció,
hoy tu tiempo se ha coronado en tu silencio,
hoy no encuentro caminos para reencontrarme con tu amor,
hoy quizás es tiempo de enterrar nuestro amor en el olvido,
porque hoy veo que abrí tu corazón para llenarlo de dolor y no de amor,
mis celos destrozaron la llama de tu amor,
nunca supe entender la dulzura de tu amor,
nunca supe entender que solo tenías ojos para mí,
que tu entrega era total pero que con mi frialdad la destrozaba,
por eso hoy la única forma de vivir será el silencio.

Adiós tristeza   12-9-10

Ha comenzado en mí el tiempo real,
hoy los dolores del pasado ahí han quedado,
hoy tengo tantos motivos para cambiar,
ya no hay tristeza en mí,
mi alma se ha empezado a emocionar,
algo viene a mí grandioso,
no tengo que pensar en sufrir,
hoy mi alma se ha llenado de ilusiones,
el sueño de niño se empieza a hacer realidad,
pues se ha empezado a acumular mi final,
y hoy la emoción de conocer la creación del universo,
hoy parece que voy a encontrar las respuestas a tantas preguntas,
todo lo que imaginé se podrá volver realidad,
conoceré el catálogo de cada especie animal,
y así podré conocer exactamente la función de cada uno,
conoceré el libro donde están descritas cada planta vegetal,
como no he de llenarme de alegría,
también podré encontrar por fin a tantas almas ilustres,
conoceré sus vidas y sus obras,
ya no tendré que llorar por quienes dejé de ver,
a ellos los encontraré porque sé que están en lo por mí deseado,
los encontraré en ese paraíso de Dios,
es por eso que hoy no temo,
hoy la felicidad a mí me está invadiendo,
por fin conoceré a Dios,
ya que a sus manos llegaré porque El me dejó vivir,
porque El esperó que cumpliese mi misión totalmente,
y hoy por eso sé que El me está esperando.

Dudas en el corazón   01-12-11

En las profundidades del corazón se clavan,
la incertidumbre, las calumnias, los celos y tantas dudas,
son ellas las que hieren las profundidades del corazón,
y se siente tan fuerte el dolor,
porque en sus profundidades están desgarrando cada parte de él,
y poco a poco la tristeza y el dolor te van acabando,
y es cuando uno pregunta ¿Qué hice?
¿Por qué me hieren así?
Si yo siempre dí amor y lealtad,
Y lo cruel es ver que quienes te lo dan,
se burlan de tu dolor,
para ellos es gozar con tu dolor,
nada los intimida,
al contrario se ensañan produciéndote toda clase de daño,
y es cuando el corazón también pregunta,
¿Dónde están las enseñanzas de amor y verdades?
Si quienes pregonan amor y caridad son los que más daño te dan,
¿Dónde encontraré alivio a tanto dolor?
¿Debo entonces aceptar que lo que recibo es lo que merezco?
Aun a pesar de que nunca le hice mal a nadie,
¿Cómo entenderlo?

Soy   12-11-10

Entre tus asombrosas manos supiste esculpir la mejor obra de mi vida,
ya que esculpieron en mi corazón el más intenso y gran amor,
tornaste con tus caricias las más intensas experiencias de amor,
renaciste en mí al ser que debí ser antes de conocerte,
tu grandiosidad llenó mi vida de ejemplos,
te volviste la guía de todos mis actos,
ya no hubo temor a la vida,
el amor en tí cubrió cualquier sombra,
todo lo volviste lleno de luz y actos de vida,
acabaste con los espacios de soledad y tristeza,
tu calidad de mujer inspiró en mí mis pasos hacia la cumbre,
el encanto de vivir a tu lado no tuvo límites,
como la inmensidad del mar,
así fue la alegría que infiltraste en mí,
por eso a tus manos las lleno de amor,
por todo lo que hoy soy,
porque fue lo que tus manos esculpieron en mí.

Llegaste con amor   12-14-10

Sombras y dolor quemaban lo poco de vida que tenia,
al encontrar tu luz empecé a iluminarme,
mis días empezaron a crecer,
encontrar una alma como la tuya,
solo pudo venir del cielo,
y hoy, hoy trabajo enormemente para aumentar mis obras,
ya que la vida se había tornado fría y sombría para mí,
el impulso que tu sonrisa le ha dado a mis ilusiones se ha desbordado,
hoy mis ilusiones de crear son infinitas,
tal pareciera que te enviaron del cielo mismo,
porque con tu apoyo todo se vuelve grandioso,
puedo pensar con amor y todo se convierte en triunfos,
como no pensar en amarte y dedicarte mi vida entera,
si todo lo adornas como en una sinfonía de amor,
tu canto deleita cada segundo de nuestra existencia,
mi imaginación tú la conviertes en realidades,
eres el mejor sueño de amor que pudo venir a mí.

¿Encontré?

12-14-10

Llegar a tí fue tan doloroso y difícil,
día a día luché por ganar un peldaño más que me acercara a tí,
tu belleza y la grandeza que veía en tí me hacia luchar por lograrlo,
poco a poco pude ir logrando tu atención,
pero el comenzar a descubrir mi ser a tí para enamorarte parecía ser labor infructuosa,
tu dureza no parecía ceder,
pero algo, quizás el frío de la noche o quizás el momento,
pude robarte un beso de tus labios,
ese beso que soldó mi vida a tí,
pero que por extrañas circunstancias nunca me abriste tu corazón,
te entregaste a mí como un ser sin sentimientos,
encontrar en cada noche amor en tí, nunca lo logré,
hoy veo que la vida que a tu lado viví parece ser sin sentido,
pues es ahora cuando en tí siento tanto rencor, asco y temor,
y es hoy cuando el fracaso de mi amor por tí que me dicta,
y exige de mí abandonar la vida,
y es ahora la que poco a poco busco,
igual como busqué lograr tu amor,
pero hoy si convencido de que lo que busco lo encontraré.

`¿Sin tí?   12-15-10

Nuevamente el Otoño ha llegado,
uno más sin tí, sin tu amor,
cuando en tí había encontrado tanta felicidad al vivir con tu amor,
pero hoy todo se envuelve en tristeza sin tí,
ya que fueron muchos los Otoños que reímos y gozamos juntos,
hoy espero sí el Invierno que vendrá a congelar más mi vida,
y no como tantos que nos divertimos como nunca,
la nieve hoy me traerá los recuerdos de los juegos que con ella disfrutamos,
y también podré ver tu imagen en mi mente lanzándome la nieve a la cara,
con aquella tu alegría de vivir, podré bailar contigo en mi mente,
sé que a tí llegó el Invierno a tu vida, arrancándote de nuestras vidas,
pero hoy los Inviernos son una espera dolorosa y triste para mí,
sin tí la vida desapareció en mí la esperanza de una Primavera cálida,
como las que tantas veces adornó nuestra existencia,
perderte en los momentos más felices de nuestras vidas se convirtió en
desesperación en mí,
fueron momentos que llenaron nuestras vidas de sueños e ilusiones,
pero tu imprevista partida desoló mi espíritu,
aun no puedo entender cómo pudo la desgracia caer en tu ser,
sé que luchaste como nadie por sobrevivir para no abandonarme,
por eso hoy para mí no hay consuelo en nadie,
hoy sé que viviré amándote en silencio,
que viviré dedicado a tí solamente hasta que llegue a mí el Invierno de mi vida.

¿En el Final? 01-02-11

Debo entender que estoy en el final de mi camino,
que es la hora de auto juzgarme,
¿Habré hecho tanto daño?
que es por eso que la soledad está conmigo,
¿Habré hecho algo positivo?
Cómo saberlo si a la gente es tan complicado entenderla,
me indicaron sí, los caminos del bien,
pero nunca encontré gente en ellos,
tan solo unos cuantos asombrados y escondidos,
cuando caminé algunas veces por los caminos del mal,
me encontré a tantos que difícil era caminar entre la gente,
fue tanto el bullicio que realmente no sabía realmente por donde caminaba,
eran tantos los gritos y llantos que no entendí nada,
solo seguí caminando por la vida sin saber exactamente por donde iba,
yo mismo empecé a labrar mi camino,
y así vi que me dejó grandes alegrías,
pero también grandes remordimientos,
sin saber quizás dañé mucho,
pero siempre traté de dar lo mejor de mí,
por eso hoy que camino en estos finales,
voy auto juzgándome porque ya no sirvo para nada,
las enfermedades incapacitaron todas mis habilidades,
y hoy solo espero llegar al final.

¿Una vida?   01-14-11

¿Una vida sin tu amor?
¿Cómo podría soportarlo amándote tanto?
Esculpiste cada día con tu alegría nuestras vidas,
siempre fue el tono de tu voz lleno de amor,
pero como yo no sabía entenderte muy bien para corresponderte,
esa ignorancia mía hacía que desesperaran tus sueños de vida,
pero a través de los años tu paciencia si supo como abrir mi mente,
y hoy comprendo tanto tu amor,
sí, hoy sé que sin amor nada tiene ese calor de vida que tú le das,
por eso hoy mi vida te pertenece,
porque como una gardenia eres tú,
tu pureza se iguala al blanco de sus pétalos,
y tu aroma embelesa mis sentidos como el perfume de ellas,
por eso me absorbí en tu belleza espiritual y física,
le has dado tanto valor a mi vida que como tú y el oro vales más que él,
hoy escucho tus palabras como música del cielo,
eres todo un ejemplo de vida a compartir,
solo la muerte podrá ahora separarme de tí,
hoy solo seguiré dedicación y respeto total a tí.

Tú, nuestro gran amor   01-04-11

Lloran los violines,
también los árboles se mecen tristemente,
hasta el cielo llora empapando nuestras vidas,
la tristeza nos está consumiendo,
ya no oímos el calor de tus palabras,
la alegría de tu vida ha desaparecido,
¿Cómo reencontrar la felicidad que nos prodigabas?
¿Cómo vamos a vivir sin tí?
Vamos, no, nos dejes en este llanto,
sufrimos tanto como tú,
oramos a cada momento al cielo por ver una esperanza de vida en tí,
sabemos y comprendemos tu dolor,
pero voltea un poco hacia a nosotros,
conduélete de nuestra tristeza,
que también nosotros nos estamos fundiendo en tu dolor,
danos un poco más de tu alegría,
déjanos revivir tanto que de tí recibimos,
sabemos que te irás muy pronto,
pero también sabemos que nuestro mundo sin tí nada será igual,
regálanos un poco de esperanzas,
para como tú, saber esperar nuestro final.

Tu mirada   01-20-11

En ese esplendor de tu mirada,
se encuentra la sonrisa de mi vida,
como un hechizo inspiras nuestras almas,
en tus palabras desbordas el encanto que nos hace escucharte con amor,
el vivir día con día enamorado de tí es mi vida,
ya no tengo que contar los días porque a tu lado no existe el tiempo,
eres toda una aventura de amor a cada momento,
enriqueces mis pensamientos con tu alegría,
sé que quizás la vida será un soplo a tu lado,
porque los años pasan y todo en tí es igual en amor,
y el tiempo ni lo siento,
porque vivir de tu amor es y ha sido solo un tiempo,
sin que las horas pasen en mi mente,
vivir a tu lado es dormir en tus brazos,
ningún trabajo lo siento y menos cansancio,
por lo que sé que amarte es y será por toda la eternidad,
porque el tiempo nunca me lo has hecho sentir,
en tu mirada se fortaleció mi ser,
y con ella guiaste todos mis pasos en la vida,
y sé que también será así en la eternidad.

Bajo una tormenta   02-02-11

Como encontrarme bajo una tormenta,
fue así como estremeciste mis sentimientos,
fuiste una clara excepción en mi vida,
e inútil fue pensar que fue solo mi imaginación,
porque cuando la tormenta pasa nos ilumina el sol,
y fue así como me iluminaste y darme cuenta que como tú no encontraría a nadie,
en mi te convertiste en la luz de la oscuridad en que vivía,
te vi como el todo que mi ser había esperado,
las tormentas en mi mente las desterraste con tu amor y comprensión,
hoy que te amo tanto,
sé que te extraño a cada momento,
porque te necesito como el aire para vivir,
hoy sí entendí que tú eres la excepción que mi alma deseó por siempre,
que eres tú el alimento que engrandece mi vida,
que la felicidad solo podía encontrarse en tus ojos,
porque con ellos iluminas todos los caminos,
dejándonos caminar en la verdad del vivir con amor.

El Aguila sobre un nopal 12-22-10

El sueño de una enorme y gloriosa Nación surgió,

Sí, en la imagen de un Aguila devorando una serpiente encima de un nopal,

cuando se hizo realidad en un lago, se comenzó a hacer realidad ese sueño,

pero el sueño fue aplastado y su gente humillada, vejada, asesinada y casi destruída,

pero en la mezcla de razas que invadieron estas tierras se engendró un grupo,

un grupo que a la vez que como en sus raíces prevalece ese sueño,

que aunque han seguido siendo golpeados una y otra vez y casi destruidos como los de sus propias raíces lo siguen buscando,

pero lo más doloroso es ver que de esas mismas mezclas se engendraron seres criminales sin conciencia,

como los que conquistaron estas tierras para destruir ese sueño de Nación,

pero en la dureza de quienes sustentamos ese sueño inquebrantable,

aun seguimos luchando por alcanzar la meta,

por eso hoy a ese Pueblo que tanta desunión y bajezas le han sembrado,

deben despertar,

debemos unir nuestros corazones en ese sueño de una gran Nación,

de seres que comprendan el valor infinito que como seres humanos Dios nos creó,

seres que unidos hombro con hombro con lealtad, honradez y dignidad,

luchemos por engrandecer a nuestra raza y a nuestra tierra,

que pueda volar sobre nuestras cabezas el Aguila de la esperanza, la concordia, la unión y la igualdad,

para vivir como seres humanos y no como bestias matándose y explotándose unos a los otros,

devolvamos a nuestra Nación el sueño del Aguila devorando las víboras de la maldad,

para conservar los nopales símbolo de nuestras tierras grandiosas.

Te encontré   01-08-11

Con el corazón robado por tu amor,
mi vida se ha tornado en un sueño de amor,
ya no existen dudas en mi caminar,
ya no tengo que buscar caminos para encontrarte,
ya no siento vacios ni soledad,
tu amor me ha robado todas mis ansiedades,
porque eres tú el símbolo de lo más deseado por mí,
me levantaste del suelo donde lloraba mi soledad,
la luz de tus ojos complementó la ilusión de amar,
a la luz de la luna tu encanto roba mis pensamientos,
los traduces al idioma del amor y la felicidad,
con tus palabras robaste también mis sentimientos,
hoy solo son tuyos,
me apartaste de todo lo inútil de mí vivir,
a tu lado es todo inspiración y lucha,
en tus manos se forma todo un camino de vida en amor,
luchar a tu lado es la más emocionante tarea de mi vida,
a tu lado dejé de ser la peor persona que era,
hoy mi corazón ha encontrado la paz para vivir amando con ilusiones,
porque solo hay y tenemos una sola vida por vivir,
y a tu lado será por siempre sin final.

Tus tierras profanadas   01-04-11

Mi fervor por tí Patria mía,
nació en mí al nacer en tus tierras,
lugar en donde al crecer amé cada pedazo de tí,
pero hubo algo que nunca pude aceptar,
fue el ver tanta maldita gente que profanaba tus tierras,
y crecí a golpes con ellos,
pero lo doloroso fue ver que eran demasiados,
por eso hoy pregunto al cielo,
¿Quién engendró esas gentes?
criminales, ladrones, extorsionadores, secuestradores, pura escoria humana,
¿Cómo encontrarles caminos donde ellos desaparezcan?
para poder encontrarte Patria mía como yo te veo a tí,
una Nación grandiosa, próspera, libre y soberana,
con todas las riquezas de que estás llena,
con tus extensos mares a tu alrededor,
donde praderas, valles y montañas colorean tu hermosura,
por eso pregunto nuevamente al cielo,
¿Qué será de estas tierras con esa escoria humana?

Valgo tanto

01-10-11

Yo no soy tanto,
como para valer tanto,
ni canto tanto,
para ser como el tanto que canta,
¿Quién puede ser tanto?
si no tiene con que ser tanto,
como el que tanto,
y aunque quisiera ser tanto,
pocos recursos tengo para ser tanto,
como el que más es tanto,
y por eso yo soy uno más de tantos,
que nada son por ser tantos.

Mi tarea   01-11-11

Coronas mi angustia con tu amor,
porque en tus ojos está el amor,
ese amor inconfundible que solo tú sabes dar,
ese amor lleno de sueños e ilusiones que hacen renacer la vida,
por eso mi alma y mi ser se han envuelto en el hechizo de tus ojos,
hoy me deleito en el tiempo que pasa al estar reunidas nuestras almas,
el juntar cada parte de nuestras vidas en ese hechizo tuyo,
ha hecho que con tu amor se transforme en un paraíso,
hoy sé que con la rapidez con que me expresas tu amor,
es aliento de esperanza porque en nosotros solo el amor dominará,
ahora para mí ya no hay espacios de tristeza,
tu amor los llena todos,
y solo mi devoción a tí será mi tarea,
el amarte y gozar de tan bella alma como eres tú,
hace en mí que no se pueda pensar en nada que no sea amarte,
en el cielo ya nos esperarán para dejarnos unidos eternamente en tu amor.

Momentos tormentosos

01-13-11 3.00am

Los sonidos de tormenta cayeron en nosotros,
la desesperación y llanto nos inundó,
tu dolor nos ha llevado a la incertidumbre,
y así oramos al cielo,
pero nuevamente brotan las aguas,
alimentando tu corazón de vida,
para darnos un nuevo amanecer,
y hoy vislumbramos nuevamente tu luz,
volveremos a sentir tu presencia,
que nos llena de vida con tu alegría,
que nos ilumina la vida con tus consejos,
nuestras oraciones fueron escuchadas,
y hoy seguimos llenos de alegría orando,
porque hemos sido bendecidos para continuar a tu lado,
no podíamos aun sentir que te perderíamos,
nuestras vidas aun dependen profundamente del amor y alegría con que has
bañado nuestras existencias,
felices estamos con este nuevo despertar de tu vida,
nos seguirás amando como antes,
dándonos alegría de vivir en un mundo de dolor y zozobras,
que solo tu voz sabe disipar.

¿Desperdicio de vida?   01-18-11

Desperdicié mi vida y mí tiempo pensando en tí,
el amor que te profesé me cegó,
día a día mis pensamientos eran contigo,
en todo lo que hacía lo iluminaba tu imagen,
soñar e imaginar que por las noches estarías conmigo,
comía, respiraba, pensaba, todo era contigo,
pero ese amor contigo nunca fue recíproco,
en tus días yo no estaba en tus pensamientos,
en todo tu vivir mi imagen jamás estuvo contigo,
y los años pasaron,
yo amándote y tú ignorándome,
juntos pero distantes,
si juntos, yo amándote y ¿Tú?
siempre fué el pensar Y ¿Tú?
entregabas tu ser a mí, sí,
pero jamás tu corazón
jamás tu amor,
jamás tus pensamientos,
y hoy la vida se nos acaba y ¿Tú?
cual será tu pensar
si yo siento y pienso que desperdicié mi vida contigo.

Como un iluso   01-19-11

Solo tristeza encuentro en mi corazón,
tanto que esperé de quienes amé,
pero que hoy solo he recibido olvido y silencio,
caminar hoy para mí es tan pesado,
los sueños e ilusiones se desbordaron por ellas a quienes amé,
pero nada llego a mi corazón,
me dejaron en un abandono frustrante y desesperado,
mi mente se cargaba de tantas fantasías,
pero poco a poco las fueron convirtiendo en desgracias,
rompían los hechizos que sentí recibir de ellas con solo hablarme,
ya que no encontré en sus palabras amor,
hoy que me lleno con sus recuerdos, las lágrimas brotan solas,
me abandonaron en mis ilusos sueños de amor,
yo ofrecí solo amor y alegría de vivir,
pero ninguna respondió a mis propósitos.
en ellas solo había materialismo y dureza en sus sentimientos,
fui un iluso al esperar de ellas amor ya que solo me usaron,
cuando veían que no reunía sus expectativas de riquezas me abandonaban,
por eso aprendí que el amor es tan solo de ilusos,
que la fascinación que da el amor no es fácil encontrarla.

Un ser soberbio   01-22-11

Soberbia e ingratitud son los encajes que adornan tu vestimenta,
un ser iluminado que ha recibido tanto en su vida,
un ser que no supo de hambres, tristeza o soledad,
un ser que siempre recibió la mano de todos,
un ser que ha gozado de salud,
un ser que no sabe lo que son enfermedades mortales,
un ser que hoy la vida le vuelve a brillar en su imagen,
un ser que hoy recibe toda clase de riquezas sin merecerlas,
un ser que pregona haber luchado por ser quien hoy es,
pero es acaso quien debe preguntarse a sí misma,
¿A quién le debe lo que hoy es?
Porque por eso hoy sus vestimentas llevan el encaje de la soberbia y la ingratitud.

Tu dureza

02-22-11

¿Cómo le puedo contar a tu mente mis tristezas?
si en tí la dureza de tu ser es inimaginable
de mis ojos se derraman lágrimas de dolor,
cuando veo el dolor ajeno,
el sentir el sufrimiento ajeno me estremece de dolor,
pero parece que a tí el cansancio de tu vivir te ha endurecido,
ya que en tí el dolor ajeno dices es su problema,
siempre expresas insensibilidad ante el dolor ajeno,
ante las adversidades de la vida trato de aprender de ellas,
y ante eso acompaño mi dolor con música para continuar viviendo,
pero tú acompañas de trabajo tu vivir,
dices para no sentir el dolor ajeno,
y menos te veo acompañar tu vida de emociones,
¿Cómo encontrar eco en tí si nuestros sentimientos son tan desiguales?
¿Cómo podré enfrentar la vida si no tengo tu dureza?
Para mí cada día es un nuevo día para construir, amar,
Pero para eso hay que enfrentar el dolor ajeno y la maldad,
Por eso siento que somos tan diferentes porque lucho aun con mis tristezas

Llenas mi mente de dudas 02-23-11

El contemplar la belleza femenina,
me lleva a formar en cada una de ellas tu rostro, tu figura,
mi amor por tí me hace verte en todas las mujeres del mundo,
en tí solo encuentro belleza y amor,
pero cuando te enfoco en otro rostro me asalta la realidad,
esa no eres tú y como tú ¡Nadie!
tú para mí eres lo especial eres el amor hecho mujer,
pero ante mi amor por tí mis dudas vienen a mi mente,
ya que no siento que tú me ames,
solo el vacío me invade,
porque cuando yo volteó a verte se me llena el mundo de flores y bellezas naturales,
mientras que en tu rostro veo solo indiferencia hacia mí,
¿Cómo entender tus sentimientos? cuando no los expresas,
¿Cómo esperar que de tu mirada exprese amor por mí? cuando parece no haberlo,
¿Cómo adornar tu vida para enamorarte?
¿Cómo encontrar los medios para hacerte ver las maravillas que yo veo?
Porque es tu belleza la que con amor siento vivir en el paraíso,
dame una muestra de lo que de mí esperas para amarme,
porque la vida se nos llenará de felicidad si nos amamos mutuamente.

Recuerdos maternales   02- 12-11

Quien puede entender el hambre infantil,
llegar noche a noche en la espera de un pan,
trabajar o estudiar cuando apenas se alcanza la adolescencia,
pero siempre tratando de conservar el amor maternal,
ese amor que se implora cuando no se tiene,
cuando por ver a ese ser celestial aunque sea por minutos se soporta todo,
el hambre, el frío, la soledad, todos es poco por verla,
por eso embebido en tus recuerdos mi amor fue infinito,
pues de niño solo tu amor maternal llenó mi vida,
nunca dudé en sacrificar ilusiones y la vida misma por estar cerca de tí,
pero el tiempo voló y los años cayeron sobre mí,
y hoy la soledad y la tristeza es lo que más encuentro,
porque ya no puedo estar cerca de tí madre mía,
fuiste mi mejor historia,
todo se enmarcó en tu maternal recuerdo
vivir soñando que a tu lado vivía fue la mejor de mis ilusiones,
hoy mi alma vive en la nostalgia de tu amor madre mía,
siempre guiaste mis pasos con el reflejo de las palomas en el cielo,
ellas fueron tu voz,
pero hoy si lloro por tu ausencia madre mía.

Una rosa roja 02-14-11

En el jardín brotó una rosa,
su color de un rojo hermoso,
me hizo voltear y acercarme a ella,
en ese momento me inspiró amor,
con su aroma me cautivó,
y de él salieron voces,
voces que me invitaban a enamorarme de ella,
voces que me sedujeron hasta tocar sus aterciopelados pétalos,
su hermosura cautivó mi mente y mi corazón,
entonces brotó su voz diciéndome,
ven, enamórate de mí,
que con mi aroma haré de tu vida una eternidad,
la gloria de sentir sus pétalos me hizo besarla,
y como venida del cielo invadió mi corazón,
ahora ni sus espinas que me han hecho sangrar me han separado de ella,
su belleza me cautivó y detuvo el tiempo,
dándome amor y dolor como solo ella supo ser,
una rosa roja que a mi vida llegó,
porque esa rosa fuiste tú la mujer más hermosa,
que a mi alma sedujo con su amor.

El silencio en la vejez   02-12-11

El cielo ha cerrado sus puertas a mis lamentos,
mis palabras ya no son escuchadas,
se ha perdido el camino a mi voz,
y aunque invoco el perdón a mis culpas,
solo silencio escucho,
ya nada viene a mí como antes,
las oportunidades maravillosas que la vida me dió,
¡No más!
Todo se ha vuelto contra mí,
desprecié todas las oportunidades del bien,
tomé todas las armas para destruir todo lo bueno que encontré en la vida,
me encerré en mi soberbia,
me creí que porque el cielo me lo daba todo,
yo era uno de los elegidos de Dios,
y sí, pero malversé el camino,
Dios me dió todo pero para el bien,
Y hoy ¿Qué puedo pedir?
Si me encuentro donde estoy,
viejo, enfermo y en la miseria,
todo por mi soberbia,
hoy las tormentas que me labré me golpean,
¿A quién podré invocar?
Porque a Dios ofendí hasta el cansancio,
y hoy siento que he de pagar mis pecados
ya no veré nunca más la felicidad que tuve,
esa felicidad que Dios nos regala cuando en su camino nos encontramos,
¡Pero no en el de la maldad!

Búsqueda desesperada   02-16-11

Como se destruye la vida cuando se busca el amor,
te aferras a buscar un alma que impacte tu corazón,
y al buscar encuentras tantos rostros tan hermosos,
pero en muchos encierran tanta desgracia,
a veces ese rostro tan bello oculta una inmensa amargura,
porque ese rostro está buscando destruirse,
ese rostro que por fin has encontrado como el mejor del universo,
se está consumiendo en una absurda tragedia,
ella está buscando la belleza física perfecta,
sin darse cuenta que tiene una belleza interna infinita,
¿Cómo enamorarla si ella solo se escucha a si misma?
Si ella no ve que hay alguien que se ha enamorado profundamente de ella,
pero que sin ningún fundamento verdadero se está destruyendo,
porque busca tener la figura esbelta perfecta,
pero que si viera que con tanto amor a ella se realzaría hasta la gloria misma,
si ella lo aceptara,
vamos espejo de mi alma reacciona,
hazle ver que el amor los impulsara a la felicidad infinita,

¿Recuerdos?

03-23-11

¿Cómo vivir sin recuerdos tristes?
cuando por el camino del vivir se recibió tanto,
tanto amor, cariño, aventuras, rencores, odios,
tanto que en muchas ocasiones se volvió estéril el vivir,
si, al creer en amores falsos que solo vacíos llevaban en el corazón,
insensibles al amor que solo fueron sembrando odios,
pero en esos momentos el corazón se llenó de falsas fantasías,
dar demasiado creyendo llenar de amor a quien se amaba,
pero que solo fueron como piedras en el camino,
pues solo fueron estorbos en la vida,
y que fueron el desperdicio de vida que hicieron estériles los años vividos,
pero como fueron entregas de mí, de amor sincero, de pasión y vida,
son los que hoy se han vuelto recuerdos tristes,
tristes sí, porque quedaron en el pasado,
fueron sí, grandes pero efímeros en su tiempo,
fueron también tan intensos sí, pero sin ataduras,
en el tiempo del vivir se fueron desapareciendo,
pero a su vez fueron más el odio que sembraban que amor mismo,
pero al entregar el alma, en mí quedaron en el olvido,
y ante el amor que me dieron,
hoy sí son los recuerdos que hacen llorar el corazón.

Vivir en mis recuerdos　　　　　02-24-11

Los rayos del sol filtrándose por los ventanales,
la melodía, la tristeza y la soledad me invadían,
cómo no pensar en tu recuerdo en esos momentos,
cómo no recordar cuanto amor me profesaste,
cuantas veces te oí repetirme ámame, ámame,
porque como el hoy jamás amaré como a ti, me decías,
y hoy que me veo en el cansancio que la soledad da,
hoy la desesperación me embarga,
hoy ya no escucho tu voz,
hoy solo vivo en mis recuerdos donde aun siento tus latidos
hoy veo que mi necedad te hizo abandonarme,
me olvidaste tan veloz como el aire mismo,
por eso hoy mis sueños no tienen donde realizarse,
solo recuerdos donde ya tu voz en mi mente se oye vagamente,
pero sé que al haberme amado como lo hiciste,
sin tu amor, ya nada me dará felicidad,
hoy sé que solo en tí lo hubiese podido realizar,
por eso hoy ya mi vida es sin sentido.

Madre   03-17-11

Marcaste mi vida al traerme a este mundo,
porque ataste mis pensamientos y mi corazón a tí,
mis palabras, mis recuerdos, mis pensamientos me llevan a tí,
crecí caminando de tu mano,
las alegrías, las tristezas las compartiste conmigo,
y de tus sueños hiciste de mí quien soy,
hoy pienso en todo lo hermoso de la vida porque me guiaste tú,
la alegría de vivir la entonaste con grandes melodías,
cada día, cada instante labraste en mí tus enseñanzas,
hoy en la vida más que vivir, vivo gracias a tí,
llenaste mi alma de grandes momentos,
las tardes de tormentas tú las convertiste en remansos de paz,
alimentaste mi ser desde que nací con salud,
a la vida le he devuelto tus cuidados para hacer de mi alguien valioso,
y hoy al mundo devuelvo todo el amor que de tí recibí,
hoy sé que al mundo debo darle tus enseñanzas,
pues de tus manos, de tus labios, de tus ojos, solo recibí grandes valores,
valores que hoy siento que me hacen valer inmensamente ante los demás, por tí,
gracias madre mía por todo el amor con que me construiste.

A esas almas llenas de compasión   03-11-11

¿Cómo creer que puedes vivir en un sueño?
Que todo en ti es alegría, juventud y salud,
¿Cómo seguir viviendo de ese sueño?
Cuando la realidad de mi vida es dolor, vejez, miseria y tristeza,
la vida me ha cobrado lo que me dió,
y hoy la ansiedad que me invade me doblega,
pero a pesar de todo de alguna forma he encontrado el camino,
ese camino que me está llevando a vivir en mi sueño,
porque la vida no puede ser tan cruel con tanta belleza a mi alrededor,
y es lo hermoso de este momento que he encontrado seres que en sus ojos nos
muestran lo angelical que son,
hoy he empezado a ver que desbordan amor, comprensión, vida,
que el ensueño de una espera sin dolor que en este camino he de recorrer,
están sí, ahí para brindar su amor y comprensión,
hoy estoy recibiendo el amor en sus palabras,
ese amor que me está llevando a vivir,
a vivir si en mi sueño de una hermosa vida como la que tuve,
con la esperanza de encontrar apoyo a mi amargura y dolor como nadie había
intentado hacerlas desaparecer de mí,
para que por fin pueda seguir viviendo en mi sueño,
en ese esplendor de paraíso que nos rodea,
y que con su aliento e inspiración pueda vivir,
son esas almas que dedican sus vidas a la enfermería curándonos física y
espiritualmente.

Yo

03-09-11

La suavidad de las emociones me invade,
elevan suavemente mi alma al infinito,
a esa sensación de una enorme vida,
una vida que me ha llenado de orgullos,
aunque también de grandes tristezas,
hoy sé que el mundo tardará en saber de mí,
y hoy yo quisiera hablarles de la vida,
para que vean la vida como yo la he visto,
plagada de tantas bellezas,
porque aun en lo salvaje de algunos animales,
yo he comprendido su misión,
la misión de preservar la vida tanto vegetal como animal,
y en mi malentender yo no he visto justificación a la maldad humana,
a tanta injustificada destrucción,
cuando la vida nos llena de tantas maravillas,
música, flores, animales, plantas, el mar,
y tanto amor que damos y recibimos,
¡Oh!! Dios mío! ¿Cómo hablarle al mundo como tú me has hablado a mi?
tú me has enseñado que el mundo no necesita de nuestra destrucción,
tú has creado todo lo necesario para el equilibrio de la vida animal, vegetal y de
la misma tierra y el mar,
nada nos necesita con nuestra maldad de destrucción,
nada nos justifica ante tanta maldad humana.

Sueño de amor   03-10-11

¿Cómo emprender un sueño de amor?
es la pregunta que a mi corazón lo inunda,
pero al ver tu rostro los sueños llegan a mí,
en la dulzura de la mirada de tus ojos,
la tenue sonrisa de tus labios,
tú bella y sensual figura,
todo, todo en tí enmarca la grandiosidad de un intenso amor,
el ver en tí el reflejo de un gran amor,
se envuelve en el más intenso sueño de amor,
y sé que la realidad puede ser amarga,
pero al impulso diario al levantar,
las ilusiones de tener tu amor se llenan mis fantasías de cada día,
tú has sido la base de mis sentimientos,
por tí he podido encontrarme,
tu belleza ha abierto en mí el deseo de volar,
volar muy alto para alcanzar grandes triunfos,
para llenarte de amor con dulces realidades,
me enfoco siempre en recordarte,
solo veo tu imagen reflejada por todas partes,
tú me has hecho crecer,
tú me has dado la luz del vivir,
en tí no encuentro nada que pueda odiar,
y por tu amor el sueño sé que se hará realidad,
porque en tí he visto la encarnación de lo más hermoso del cielo,
por tí y contigo la vida se volverá un sueño intenso de amor.

Un país desgarrado   03-18-11

Las llamas de la traición, la corrupción, los vicios, la irresponsabilidad humana,
la maldad,
están arrasando y destruyendo mi país,
ese país lleno de tantas maravillas naturales,
esas tierras que alimentaban tanto,
donde animales, vegetales y humanos encontraron la vida,
esas tierras que solo nos pedían cuidado y cultivo,
que nos pedían fueran regadas con aguas puras,
pero que nunca fuesen regadas con sangre humana,
esas tierras que en sus montañas, valles, colinas, ríos, lagos y mares, nos ofrecían
el paraíso,
hoy se incendian con nuestra irresponsabilidad y maldad,
hoy convertimos sus tierras fértiles, en muladares humanos, desiertos o campos
de drogas,
yerbas y seres que avivan las llamas de la destrucción de nuestro país,
¿Cuáles deben ser las herramientas que eviten su total destrucción?
¿Será acaso el castigo que debe prodigarnos la naturaleza?,
¿Con grandes terremotos, volcanes, el mar azotando nuestras tierras?
¿Acaso no podemos utilizar la supuesta inteligencia humana?
Pero usarla para revivir nuestro país,
con responsabilidad, orden, trabajo en conjunto, honestidad,
con controles que impidan la irresponsabilidad humana en todos sus niveles,
como solo tener los hijos que uno pueda mantener y educar,
no permitir el traer hijos en madres solteras irresponsablemente,
crear nuevamente los medios que estas tierras tienen para su cultivo,
Dejemos de destruir con las llamas de nuestra maldad a nuestro mundo.

Vacíos

04-02-11

Cuanto vacío hay en mi alma,
ya no escucho tus palabras de vida y amor.
ni la sonrisa de que de tus labios disfrute tanto,
el frio que ha invadido mi cuerpo me estremece de dolor,
y es porque ya no tengo el calor de tu compañía,
cómo reencontrar la alegría de vivir sin ti,
me dejaste en un mundo lleno de ingratitud y maldad,
hoy solo reproches suenan a cada momento a mi alrededor,
pero nunca reconocen las grandes obras que realicé,
¿Cómo vivir sin tí?
¿Cómo me pides que sea feliz?
Cuando a tu lado fue crear,
cuando a tu lado había amor,
cuando a tu lado había alicientes,
a tu lado encontré el ánimo de lucha,
ese ánimo de crear que tú motivabas,
pero que hoy en nadie escucho,
y ni tus palabras ni tu amor,
oh, cuánto te extraño,
hoy solo te imploro llévame contigo que hoy nada me une a la vida.

A su Santidad Juan Pablo II   04-03-11

¡Oh! Santo Padre,
Hoy te recordamos con tanto dolor,
recordarte cuando por primera vez besaste estas tierras,
fue cuando entonces te comprendimos,
te seguimos en tus oraciones,
te veneramos como el Santo que ya eras para nosotros,
creímos que tus palabras y oraciones se habían quedado como un himno en nuestros corazones,
pero hoy nosotros los Mexicanos que te adoramos y escuchamos,
hoy lloramos de dolor,
un dolor que nos está destrozando,
hoy sabemos que nuestra juventud no te escucha,
hoy nuestra juventud se está enrolando en la redes de la maldad,
hoy matan y se matan sin razón,
hoy secuestran y extorsionan a sus semejante por riquezas mal habidas,
¡Oh! Santo Padre,
cuánta falta nos hacen tus palabras,
cuánta falta nos hace seguir tus pazos,
cuánta falta nos hacen tus palabras de amor,
¡Oh! Santo Padre,
para nosotros tu beatificación solo ha sido un paso en la vida,
porque para nosotros tú fuiste un Santo desde que nos visitaste por vez primera,
¡Oh! Santo Padre ruega por nosotros ante Dios para salvar a nuestra juventud,
y a nuestro pueblo que debe seguir tu palabra que es la palabra de Dios,
ruega a Dios por nosotros que tu beatificación nos devuelva la Paz y la Justicia.

Un ser como tú   03-18-11

Con la fortaleza de tu espíritu,
mi corazón se abre para impulsarme,
poder encontrar la alegría de vivir que tú inspiras,
pero también me pregunto,
¿Cómo responder a un alma como la tuya?
Esa alma que desborda amor, ternura,
¿Cómo reivindicarme ante un ser como tú?
En la hermosura de tus ojos encuentro la inspiración para dejar la angustia en
que vivo,
tu ser está envuelto en belleza como las de las flores de Mayo,
porque como tú nacen en este mes las más hermosas flores de la primavera,
y así tú te conviertes por haber nacido en Mayo en una flor inolvidable,
porque en cada año renace la belleza que tu alma inspira,
de tus labios emana la misma miel que de las flores emana,
la dulzura de tu voz es la miel que alimenta el alma al escucharte,
¿Cómo no pensar en tí?
Si en cada flor te recuerdo a tí,
cada mañana el esplendor de vivir se torna en belleza,
como el despertar de las flores,
que es como me siento al verte y oírte en cada mañana,
que el sol siga iluminando tu caminar,
porque en tu caminar nos conduces a la gloria de Dios.

A Wendy Ponce   Octubre 10 de 1986

Aun la llama de tu amor conforta el frío de mi alma,
pero los recuerdos si laceran mi espíritu,
en esta sombría y triste soledad que me rodea,
todo se vuelve triste y desolador,
¿Cómo volver a vivir con amor? si tú ya no estás,
¿Cómo jugar como cuando lo hacíamos? Si tú ya no estás,
Ya las luces de la ciudad no me deslumbran,
el caminar por esos paseos fríos y sombríos,
ya nada alegra esos rincones, tu alegría ya no está,
solo mi corazón llora y se llena de angustia,
¿Cómo resistir esta vida en que tú me dejaste?
¿Cómo reencontrar tu amor? Si tú ya no estás
¿A quién le puedo decir adiós u hola? Si tú ya no estás,
El sol ya no ilumina mis días, porque tú ya no estás,
Si tan solo la vida me diera el camino de llegar a tí,
pero como he de lograrlo si tú partiste para no volver,
hoy poco a poco los pasos a mi final se acercan,
y es lo que ilumina mi futuro,
porque como te amé y gocé de tu amor,
nada lo da, solo en tí lo encontré,
y el final debe ser mi historia,
porque amarte a tí fue toda una devoción sin igual.

De su Papá Miguel

¿Pasado o presente?   05-12-11

Un presente ¿Feliz?
¿Cómo saberlo? Cuando el pasado te trae tantas imágenes,
la fascinación que encerró todo ese pasado vuelve a tu mente,
las imágenes de quienes te amaron se forman enfrente de ti,
se vuelven tan reales sus risas, sus llantos, sus palabras,
pero ¿Dónde están?
ya no te pertenecen es solo el pasado de tu vida,
hoy buscan sus días felices o tristes, pero suyos,
hoy tú solo te llenas de recuerdos,
hoy solo te puedes alimentar de tu imaginación,
ya a tu ser tienes que darle sueños y fantasías,
porque ya tú no tienes metas para alcanzar,
ya tus metas quedaron atrás,
si las cumpliste o no hoy han quedado en el recuerdo,
oh vida que triste es vivirte ahora,
sin metas y en una soledad que agobia,
¿Cómo rescatar la alegría de vivir?
¿Solo acaso la oración y la meditación?
Porque en esta forma me condenas a vivir sin sentido,
Tú que eres el esplendor de la vida dame un poco más de tu esplendor,
Déjame crear un poco más que ayude a engrandecer tu esplendor y no tu
infortunio,
Pues si de tí recibí tanto, yo deseo devolverte lo más que me permitas,
Déjame morir agradecido de tanto que recibí en esta vida.

Un enfermo

04-20-11

Soy un enfermo de la vida,
en mi todo se ha apagado,
mis deseos de vivir se han perdido en la oscuridad,
ya mi cuerpo no responde al amor,
mi depresión ha llevado a mi corazón casi a fallecer,
¿Quién me puede dar la alegría de vivir?
Aquella en que a la vida yo la retaba,
hoy a mí la gente me reprende,
hoy ellos quieren consolarme,
hoy ellos dicen que otros mueren sin razón,
pero hoy yo veo la vida con todo su valor,
hoy yo veo la vida con todo el amor que podemos disfrutar,
hoy veo la vida con todas la metas que podemos alcanzar, hoy veo,
hoy veo, si, veo solo la vida como es para mí,
la vida para mí ya no tiene un mañana,
a la vida que tengo, el cáncer ha llegado,
y hoy sé que como tantos el cáncer me vencerá,
tarde o temprano he de seguir a tantos amigos que el cáncer se ha llevado,
y que se han ido con tanto dolor,
hoy sé que soy uno más que debe vivir cada instante,
porque a cada instante la amenaza está ahí, Cáncer,
Cáncer que se ha llevado a tantos amigos sin compasión y sin medicinas que pudiesen salvarles.

¿Soledad o ceguera?

06-10-11

¿Cómo se puede vivir una vida llena de soledad y tristeza?
¿Cómo vencer la angustia que te llena el corazón?
Porque siempre tuviste tanto por quien luchar,
y tantos seres que rodearon tu vida,
tantas metas que te trazaste y cumpliste,
tanta gente que trataste y te enseñaron tanto,
¿Cómo vivir ahora cuando ya no tienes a nadie?
¿Cómo llenar el vacío y soledad de tu vida?
Tengo que voltear a otros horizontes,
tengo que encontrar nuevas metas antes que la muerte me encuentre,
tengo que encontrar de nuevo a quienes me rodearon toda mi vida,
tengo que rodearme de nuevo de quienes tuve a mi lado,
tengo que atraerlos sin tristezas,
porque ahora se han multiplicado,
sí, esos seres por quien luché han logrado encontrar sus destinos,
ahora son ellos los que están rodeados de seres que los aman,
son ellos los que sus metas ahora realizan,
son ellos los que hoy no viven en soledad,
por eso debo atraerlos a mi vida para compartir sus vidas,
hoy debo desterrar de mí la soledad porque ellos están esperándome,
porque soy yo quien debe acercarse a esos seres que fueron mi vida,
porque nunca se han separado solo se han alejado a cumplir sus ilusiones,
y es ahí donde debo estar para compartir sus alegrías.

Amarte u odiarte   04-12-11

¿Por qué tengo que amarte tanto?
Cuando tú me odias tanto,
¿Cómo encontrar una luz que abra mi corazón?
Una luz que ilumine mi ser para verte,
verte sí, pero tal cual eres,
amarte tanto ha sido mi castigo,
y en tí pareciera el mayor gozo el odiarme,
he orado al cielo para encontrarte,
pero el cielo mismo se enmudece ante tí,
¿Quién podrá entenderte?
Cuando más amor se te profesa, es más el odio que destilas,
odio sí, pero tú estás a mi lado,
¿Cómo he de entender el juego macabro de tu ser?
Pues nada en tí se sensibiliza para dar amor o pasión,
Gozas tanto dando incertidumbre y desprecios,
Pero incitas a la vez a la pasión para jugar,
¿Cómo entender tu juego?
¿Cómo continuar con este juego si te amo tanto?
Porque me odiaría a mi mismo si te abandonara
Porque sin tí la vida no tiene valor,
Prefiero tu juego a vivir sin tí.

Te vas   05-12-11

Te vas, te vas de mi vida,
abandonas mi ser porque nunca me amaste,
yo, en tí ví lo ideal y me enamoré de tí,
mi amor por tí forjó tantos sueños,
tantas metas que por tí me tracé,
y sí con amor, paso a paso fui formándolas,
cumpliéndolas una a una por el amor a tí,
pero en mi lucha al amarte me cegué,
los días, los meses y los años pasaron,
y me fue muy difícil ver en tus ojos el amor,
pues por mi ceguera de amor no los ví como eran,
hoy que te vas, hoy los veo cual fríos siempre fueron conmigo,
fríos porque amor por mí nunca lo hubo,
y hoy me hundo en el desamor,
hoy me hundo en la tristeza y la soledad,
hoy no puedo ver el amor como lo vi por tí,
hoy entierras con tu partida el amor y los sueños que por ti sentí,
y con eso me entierras a mí.

La mujer soñada   04-22-11

Es en el atardecer cuando los rayos del sol penetran por mi ventana,
y con su brillo hacen brotar mis recuerdos,
a mi mente caen tantas escenas de mi vida,
que me hacen pensar en vivirlas en mi mente,
por eso al volver a verte de nuevo con la hermosura de tu rostro,
la belleza de tus ojos incita en mí a la vida,
a vivir en la alegría que me produce tu sonrisa,
y aunque en mi vida los recuerdos del pasado regresan a mí,
el soñarme en tus brazos es sentir la entrega de tu amor en mi presente,
¡Oh, gracias Dios mío! que la puedo tener en mi imaginación con todo el
esplendor de su ser,
¿Cómo no he de amarte?
si eres tú la que borra las pesadillas del pasado,
si eres tú la mujer de mis sueños,
la mujer que de las estrellas bajó a mí,
cada sonrisa tuya hace que mi camino se ilumine,
para así llegar de tu mano al paraíso del amor.

El alma entristecida

07-24-11

Como se entristece el alma,
cuando el amor no llega a tí,
cuando te rodea solo el dolor de las enfermedades,
la hermosura de los días ya no la disfrutas,
no distingues entre el calor y el frío,
todo te es ya igual,
pero ¿Porqué?
¿Acaso no es entendible?
Con amor tu ser se enciende,
con amor tus ojos se abren a la vida,
con amor el cielo te demuestra su esplendor,
con amor la música llega a tu corazón,
con amor quieres vivir hasta la eternidad,
con amor tus deseos y pasiones se desbordan en tu imaginación,
con amor luchas, trabajas, vives,
con amor todo es alegría,
con amor hasta las piedras son hermosas,
con amor escalas cielos, montañas, mares,
porque con amor a tí,
el amor se torna en realidad y vida,
pero sin amor y con dolor la vida ya no se desea.

Amor o pasión

05-10-11

Destierras la tristeza de mi corazón con tu amor,
¿Pero qué clase de amor profesas tú?
Porque en tus besos se enciende en mí la pasión,
en mí se transforma mi ser con tu belleza,
belleza que enmarca toda una sensualidad de mujer,
tu belleza hace que mi corazón palpite sin cesar,
¿Cómo poder describir las sensaciones a que me lleva tu amor?
Nada en esta vida se compara a la pasión que enciendes en mí,
mi mente pierde contacto con la realidad,
el éxtasis al que me lleva la pasión por tí no tiene límites,
pero en tí solo hay rigidez, en tí no veo la pasión que en mí provocas,
¿Qué es lo que por tu mente se desata?
¿Es tan solo el cumplir?
¿Es tan solo el ofrecerte a la pasión? ¿Pero sin amor?
Tus ojos se pierden en el infinito,
y con ellos llenas de dudas mi mente,
pero a la vez me haces desbordarme en pasión,
pasión por ti aunque parezca que en tí,
en tí no hay amor solo seducción,
en mí hay amor y pasión,
en tí solo Dios sabrá.

Mí mismo   05-10-11

Dios ¿Por qué has permitido que la soledad me invada?
Ya he caminado tanto en mi angustia buscando el amor,
¿Cómo encontrarlo si yo no tuve el carisma?
¿Cómo pedirlo si nadie me expresó lo que yo sentía?
Ver esos hermosos ojos, labios, rostros,
que para mi expresaban tanto amor,
pero que nunca fueron para mí,
sus miradas se tornaban en enojo,
sí, al expresarles mi amor en mi mirada,
¿Sería tanta mi fealdad o mí amargura?,
el tratar de reflejarme con amor en sus ojos parecía un milagro,
¿Qué hubo en mí que nunca encontré el amor?,
¿Sería tanta mi antipatía que yo no me daba cuenta?
Traté de llenar mi vida de armonía y riquezas para encontrar el amor,
el amor de una mujer que quisiese compartir mi amor por la vida,
pero nada encontré solo desprecios o burlas,
y hoy que la vida se me escapa de las manos la soledad me invade,
por lo que debo resignarme a la soledad y el encuentro de mi realidad,
vivir el resto de mi vida en el amor a Dios,
ya que en su amor está la vida y la esperanza de la eternidad,
y en ella no habrá egoísmo ni maldad solo amor.

Mía

08-14-11

El tic tac del reloj suena en mi mente,
las horas, los días se me hacen tan lentos,
la espera de tu llegada se ha tornado en una tormenta de nervios,
mi ansiedad se ha desbordado,
y hoy solo cuido de tu llegada,
hoy solo pienso que es un día menos,
hoy siento que es un día más de vida en tí,
hoy paso a paso te espero,
hoy sé que conocerte será una alegría más en nuestras vidas,
hoy sé que al oír tu llanto será el canto más hermoso de vida,
hoy veo como pasa lentamente cada hora,
hoy quisiera dormirme y despertar en tu llegada,
pero hoy si sé que solo podré dormir hasta tu llegada,
porque hoy es un coro de Angeles que poco a poco reafirman tu vivir,
hoy sé que pronto podremos gritar,
Mía está aquí,
la espera llegará pronto a su final,
porque pronto Mía nos hablará de su esperanza de vivir,
de vivir a nuestro lado con amor y alegría,
porque del cielo nos han mandado a Mía.

Mi propio espejo   05-12-11

Como ver caer los años en mi mente,
es ver como los sentimientos caen uno a uno en mi mente,
amor, dolor, pasión, lágrimas, risas, palabras e imágenes,
y todo hace que en mi corazón las lágrimas se desborden,
no solo el cielo puede llorar y reír,
mis sentimientos también me hacen llorar o reír,
porque recordar tan solo un día de mi vida,
es llenarlo de espacios en inmersos textos,
donde describir el viajar, amar, procrear, entregas de amor y tantas luchas,
hoy se vuelve tan difícil y doloroso el recordarlas,
hoy la claridad y la quietud se ven y se oyen en el horizonte,
pero es ahora con la vejez que a mis oídos y mi vista llegan las tormentas,
porque las tormentas que me azotan son el dolor, la soledad y las tristezas,
por eso el entorno de la belleza que me rodea no la disfruto,
cantos, risas, alegrías, los días maravillosos de sol,
que con sus cantos los pájaros la ensalzan más,
no así las enfermedades que el cáncer produjo en mí,
hoy vencer la ansiedad por un día sin dolor es mi deseo,
ya que difícil es ahora hacer desaparecer los dolores,
dolores de los que todos en cierta forma hoy se burlan,
porque no saben lo que es cada paso que se da en la lucha por sobrevivir,
y que hoy solo entristecen cada día de mi vida.

La Infamia de Somalia   08-05-11

Una y otra vez veo los rostros de la infamia,
una y otra vez la humanidad se ensaña,
la miseria el hambre, la sed, las enfermedades,
las vemos con la infame indiferencia,
no solo Dios nos dió un mundo de riquezas naturales,
también nosotros las podemos elaborar,
pero nuestra soberbia y egoísmo nos impide extenderla,
extenderlas para tantos miserables pueblos
que mueren día a día sin una mano que les ayude,
increíble pensar en la infamia de construir armas de destrucción,
¿Cómo? Cómo hacerles ver que todas esas armas,
Podrían ser mejor tractores, máquinas de alimentos,
plantas potabilizadoras y tantos recursos,
tantos recursos con los que podrían salvar a tanta gente,
¿Dónde encontrar la compasión, la comprensión, la caridad, la inteligencia, la tecnología, la ciencia?
que les dé a tantos infames Gobernantes la capacidad de cambiar la vida de la humanidad,
es ya tiempo de reflexión, la civilización nos ha alcanzado,
usémosla para acabar con tanta infamia,
como la de los niños de Somalia y de tantos lugares donde mueren sin un pan ni cobija,
¡Oh, Dios! lancemos el grito,
Salvemos a la humanidad de tanta infamia.

Caty   08-21-11

En una intranquila felicidad vivíamos,
el encanto que me producía tu vivir era mi tranquilidad,
pero en ese vivir, tu dolor lo encubrías con felicidad,
felicidad que empañaba tu vivir ante tu frustración,
porque no lograbas tus deseos de volar,
de escalar grandes estrellas que debiera ser tu vivir,
pero hoy has empezado tu real vivir,
hoy sí, tu alegría se dibuja en tu rostro,
hoy se ven en tí tus deseos por alcanzar tu felicidad,
y si hoy la tristeza me invade, lo compensa hoy sí, tu real vivir,
pronto alcanzarás las estrellas,
pronto tu felicidad la lograrás,
y entonces sí mi vivir se coronará,
se coronará porque tus triunfos llenarán mi vivir,
eres una vez más una de las enormes estrellas que para mí alcancé,
eres tú hija, la culminación de mi vivir,
y si tu alegría llega a tu corazón,
entonces mi corazón se llenará de real felicidad,
y hoy oraré a Dios porque te dé la fortaleza,
te dé los caminos y la fe a tus metas y felicidad.

De tu amor

04-02-11

Te dí mi amor,
y en él cifré todo mi vivir,
y crecí en tu corazón,
mi amor por tí se llenó de ilusiones,
nuestro amor se envolvió en una nube,
en una nube de la que nunca quisimos salir,
tus besos, tus palabras envolvieron los días, los años,
tus caricias embelesaron siempre nuestras noches de amor,
rezar y comer de tus manos fue parte de tu amor,
oremos porque el amor nos lleve a la eternidad juntos,
el amor nos hizo crecer para ser envueltos en un vivir con satisfacción,
nada empañó nuestros días, ni las enfermedades ni el dolor,
y el fruto de nuestro amor tú lo supiste formar,
sí como monedas de oro, tan valiosas como tú,
tan llenas de amor y comprensión como tú,
tan luchadoras por un vivir superior como tú,
los pasos que a nuestro amor le diste,
hoy nos llevan a la unión eterna,
gracias por tu amor.

Librarte de mi   08-27-11

Librarte de mí pareciera ser tu mayor esperanza,
cómo no entenderlo cuando tu desamor era claro,
ni las flores ni las palabras de amor ni los poemas te agradaban,
la ceguera que me produjo el amor me hizo ser así,
yo un enamorado de tí,
para tí un ser del cual dependiste para vivir,
un ser al que serviste pero sin amor,
un ser al cual dejaste que te amara sin corresponder al amor,
un ser que para tí se fue haciendo cada día más despreciable,
un ser al que solo el oírle te atemorizaba,
un ser al cual aborrecías hasta su olor,
pero cómo entenderte si nunca hablaste,
cómo entenderte si al amor te entregabas calladamente,
dejaste forjar mil sueños y fantasías de amor,
pero a cada una la esfumabas con tu indiferencia,
besos que a mí me sabían a gloria a tí te asqueaban,
hoy poco a poco me estoy retirando de tí,
hoy tu esperanza está a punto de realizarse,
hoy es posible que tu felicidad se realice,
hoy mi cuerpo ha empezado a desaparecer,
porque la muerte está llegando a mí,
y a tí está llegando la vida para vivirla,
vivirla sí, con amor, pero sin asco ni rencor como fue a mi lado.

Sentimientos huracanados 09-02-11

Tus sentimientos arrasan como los vientos huracanados de una tormenta,
con la soberbia de los mismos,
y la crueldad con que te expresas, destruyes,
destruyes todo como un terremoto,
a tus insensibles y fríos sentimientos, no son posibles de aceptar,
sin embargo tu belleza, tu sensualidad, la hermosura de tu cuerpo,
tus habilidades para amar y dejarte amar lo envuelves a uno,
pero lo envuelves a uno dentro de tu maldad y pasión,
y haces que se vuelva un imposible el dejarte de amar y desear,
tu temperamento excitante y confuso me enloquece de amor y pasión,
tú forma de ser odiosa ante los demás,
a mí me enloquece y me devoras en mis pensamientos,
mi pasión por tí domina todo mi ser,
¿Cómo odiarte? ¿Cómo sentir pena por amarte o desearte?
Solo Dios me podrá condenar,
sí, por dejarme arrasar por tu extrema belleza y pasión
sentimientos imposibles de desterrar de mi corazón.

Tu voz   05-18-11

En mi vida a cada paso,
a cada instante,
a cada momento la belleza de tu rostro devuelve a mí tu voz,
ese sonido de tu voz con tintes románticos,
voz que demuestra amor y compasión,
voz en la que se puede sentir la pasión de tus sentimientos,
voz en la que incitas a la meditación para pensar solo en tí,
porque todo en tí me incita al amor,
porque solo tú has abierto mi corazón,
has labrado en mi alma toda una historia,
una historia de amor en que a cada día doy un paso más a la felicidad,
oh amor, amor como el que me entregas solo grandes historias hay,
en cada día está tu mano,
porque en cada día construyes nuestra felicidad,
los días tristes o alegres tú los adornas,
y de ellos transformas realmente nuestras vidas en un paraíso,
amarte a tí es dar pasos más hacia la eternidad,
a esa donde tú y yo podremos vivir eternamente,
y sí, eternamente unidos dándonos lo mejor del amor.

Heroica Escuela Naval Militar 05-15-1963

Un despertar más en tus gloriosas aulas,
mi alma y mi ser se llenan de alegría,
en tus hermosos edificios estoy aprendiendo a amarte más,
cada amanecer se llenan mis esperanzas para alcanzar una meta más,
los esfuerzos físicos y mentales me llenan de amor por tí,
en mí se está gestando la esperanza de un nuevo Oficial,
y en cada ceremonia con la emoción y el estremecimiento aprendo más,
más por servirte como un soldado más,
como un soldado más que la patria necesita para defenderla,
en las enseñanzas que en los mares recibo,
de ellas estoy aprendiendo a amar el mar,
navegar como un Cadete me inspira más,
a ser un siervo más que al mar debe servir y amar,
por eso hoy que desfilando me ví portando el uniforme de marino,
hoy puedo hinchar mi pecho y erguir la frente para decir,
México he aquí un marino más que te ama,
y que te servirá hasta la muerte.

Partirás   10-29-11

Desgarra mi alma y mi pecho la tristeza,
te estoy perdiendo, tu alma y tu ser pronto partirán,
la soledad me está invadiendo y nada te recompensa,
¿Cómo describir lo que ya no tiene solución?,
¿A quién pedirle compasión? si a nadie tengo,
solo tú llenaste mi vida,
solo tú supiste comprenderme,
solo tú me dió un amor real,
solo tú cuidaste de mí cuando más lo necesité,
solo en tí ví la dulzura,
solo en tí ví la vida en su plenitud,
solo contigo ví lo maravilloso de este mundo,
solo tú supiste enseñarme a labrar una vida de amor y lucha,
solo contigo la vida se volvió un sueño de amor,
solo contigo supe multiplicar mi ser en nuevos seres,
solo contigo ellos se volvieron la razón de nuestro vivir,
solo contigo supimos vivir con amor y compañía,
pero hoy que pronto te irás,
hoy sabemos que nada te podrá retener en este mundo,
que solo tú supiste crear a nuestro derredor,
pero sabemos que tu alma permanecerá en nuestros corazones.

Lágrimas por tí 11-05-11

Lágrimas, lágrimas sí,
lágrimas que me desgarran el corazón,
lágrimas que me estremecen el alma,
lágrimas incontenibles por cada día que pasa,
y es lo que hoy siento al no tenerte cerca de mí,
hoy mis sentimientos se vuelven un cantar de melancolía,
al recordar cada una de tus sonrisas,
al recordar cada una de tus sensuales miradas,
de cada uno de tus apasionados besos,
con esos labios con sabor a la gloria,
hoy no tengo nada de lo que tu amor era para mí,
hoy solo estoy lleno de tristezas y recuerdos,
hoy solo lleno mi mente de fantasías irrealizables,
hoy mi alma y mi ser se deslavan con mis lágrimas,
lagrimas eternas ante la falta de tu amor,
lagrimas que nunca podrán borrar tu imagen,
lágrimas que nunca dejarán de brotar en mi corazón por ti,
ojalá hubiesen sido intensas para lograr impedir tu partida,
como no derramar hoy lágrimas por tí si nadie fue como tú.

La mujer que yo soñé   07-15-11

Eres y serás siempre la mujer que yo soñé,
el encanto que te rodea siempre me cautivó,
tu figura siempre me deslumbró,
siempre brillabas entre todos,
tu encanto fue inigualable,
hoy que de tu amor vivo,
hoy tus besos me confirman mis sueños,
eres la mujer ideal que siempre deseé,
tú siempre cubrirás mi vida con tu amor,
las dudas de lo mucho que de tí he creado tú las disipas,
tus palabras suenan tan dulces,
que por ellas no puedo dejar de pensar en tí,
cuando sonríes abres el cielo con tu alegría,
una palabra tuya y haces que me desborde a tu servicio,
mi mente solo te tiene a ti,
porque eres lo mejor que a mi vida llegó.

¿Empresario?   01-10-11

Tú el empresario,
El hombre de grandes negocios,
El que dedica toda su vida a sus empresas porque así lo requiere la empresa,
¿Te has dado cuenta cómo tratas a los que para tí trabajan?
Que sin medirse tratan de enseñarte lo fieles que son a tu empresa y que tú dices
no notarlo,
los negocios son fríos dices tú,
a tí no te importa cuántas horas se trabajan,
a tí solo lo que te interesa es cuánto está creciendo la empresa,
porque para ti nunca hay dinero,
para tí lo importante es ahorrar para que crezca más tu empresa,
pero tú no ves el esfuerzo de tus trabajadores ni cuáles son sus sacrificios,
es su obligación para tí, por eso les pagas y ni siquiera te fijas si lo que les pagas
es lo justo,
para tí los sueldos están tabulados,
tú no tienes porque pagar más,
sin importarte que tus arcas estén cada vez más llenas,
para tí, así es como debe funcionar tu empresa,
es más, ni a tus familiares perdonas,
tú no tienes porque regalarles nada,
ellos se lo tienen que ganar como tú lo haces,
eso sí, el día que tu empresa va mal tú nunca tienes la culpa,
la tienen tus empleados porque no trabajan lo suficiente,
o por culpa del Gobierno, pero tú nunca tienes la culpa,
te has dado cuenta de que eres como la pacotilla de que con solo un cerillo solo
cenizas quedan,
no, no lo creo es casi seguro que le echarás la culpa a lo que sea,
tú nunca eres culpable de nada, las empresas son así, frías como tú.

Infante de Marina   09-20-11

A tí infante que con tanto orgullo sirves a la Patria,
a tí infante que día con día solo piensas en México,
a tí infante que día a día arriesgas tu vida por nosotros,
a tí infante que por defender nuestras Instituciones arriesgas tu vida,
a tí infante quiero decirte
¿Cómo pagarte por asegurar mi futuro?
¿Cómo pagarte por defender mi vida?
¿Cómo pagarte por darles seguridad a mis hijos?
¿Cómo pagarte por tu sangre derramada por tus ideales?
Ideales que nos permiten trabajar por nuestras familias,
Ideales que nos permiten tener una Democracia y Libertad,
Ideales que con tu sangre nos aseguran una vida justa,
Que nos aseguran una vida de trabajo, estudio, realizaciones y triunfos,
Una vida sin miedo a la delincuencia,
Y por tu sacrificio,
¿Cómo pagarte por tu sacrificio?
Solo podemos inmortalizarte como un héroe,
Un héroe que nos sigue dando Patria,
Un héroe que no ve riquezas mal habidas,
Un héroe que quiere un futuro sano para su pueblo,
Por eso Infante de Marina tu nombre debe ser grabado con letras de oro.

Marcha de Honor a los nuevos
Héroes de la Patria   09- 2009

Que suenen los clarines, que redoblen los tambores,
la marcha va a comenzar y en este desfile veremos,
a quienes ahora no les damos el nombre de niños héroes,
o héroes que lucharon en contra de la invasión del País,
hoy son los Héroes que en su desarrollo como militares cumpliendo con su deber,
han perdido la vida en la lucha contra la delincuencia organizada y el narcotráfico,
una vida tan preciada que se formó en el sacrificio de su juventud,
pero con fuertes ideales que los harían formarse como Oficiales, Soldados,
Marinos de nuestro glorioso Ejército o Armada de México y Policías de todos los
cuerpos Policíacos del país,
su visión fue puesta en un futuro para ellos incierto,
pero con la certeza de ser excelentes servidores y guardianes de la Patria,
en ningún momento titubearon en luchar contra los traidores de la Patria,
contra los que tratan de sembrar la delincuencia y la destrucción de nuestras
juventudes,
con drogas, delitos, asesinatos, extorsiones, secuestros,
que sin conciencia, sin nada que los pueda identificar,
más que como seres que nunca debieron haber nacido al traicionar a la patria,
ya que no es en la delincuencia donde se encuentra el futuro de una vida mejor,
esos Héroes que han caído en el cumplimiento de su deber,
que habían fincado sus vidas en el buen vivir,
o bajo el orden, las leyes, la disciplina,
tanto que no alcanzan las palabras para describirlos por su grandeza,
hoy la Patria debe honrarlos como honramos a los héroes de la Independencia,
a los de tantas batallas e invasiones,
estos Héroes deben tener un espacio,
un monumento donde se graben sus nombres y grados,
que en aras por defender a la Patria han perdido sus vidas,
Honor y respeto a quienes lo merecen.

Día de los muertos   11-02-11

¡Día de los muertos!
¡Día de las reflexiones!
¿Cuántos más podré yo tener?
¿Cuántos más sin felicidad me quedarán?
¿Cuántos más habré de vivir con dolor?
¿Cuántos más habré de vivir sin amar?
¿Cuántos más habré de tener cuando todos me odian?
¿Cuántos más habré de ver en los demás que se llenan de felicidad o tristeza?
¿Cuántos más se llenarán de temores ante tanta injusticia?
¿Cuántos más deberé vivir en la soledad?
¿Cuántos más habré de vivir deseando amor y pasión?
¿Cuántos más habré de llenar mi alma de celos, envidias y temores?
¿Cuántos más habré de pasar enfermo?
¿Cuántos más llenarán mis espacios vacíos por esta vejez?
¿Cuántos más habré de vivir en la humillación?
¿Por eso hoy siento que yo también debo ser parte?
¡Sí, parte de los festejados por su muerte!
¡Parte de los que solo se recuerdan tres días al año!
Cuando murieron, su cumpleaños y su muy deseada muerte,
¡Y claro sin olvidar el día de los muertos!

Al ensueño de amor

10-28-11

Verte y conocerte desborda en mí la imaginación,
en la hermosura de tus ojos se vé tu belleza infinita,
en tu mirada se vé la imagen del amor,
en los sonidos de tu voz se enjuga la música del cielo,
en tu rostro se refleja la pureza de tu alma,
¿Cómo no sentirse bendecido contigo?
Contigo las mieles de una felicidad eterna se reflejan,
contigo la alegría de vivir se inspira en tí,
contigo las flores se vuelven del paraíso,
contigo la verdadera fortaleza de amar, está,
contigo es soñar con el amor eterno,
contigo es rezar para que a cada mañana se transforme en felicidad,
contigo es sentir que la vida vale a tu lado,
contigo es sentir en tu voz el sonido de la esperanza,
contigo es soñar despierto en el amor sincero y dulce,
contigo es pensar que el cielo te ha mandado a mí,
contigo es pensar que la vida se realza en tus manos,
solo puedo dar gracias a Dios por dejarme conocerte.

La prehistoria   11-01-11

Hace 60 millones de años existían una serie de animales enormes,
que por su tamaño requerían de grandes cantidades de alimento,
hablo de los dinosaurios y tantos otros animales que por su tamaño eran grandes
animales,
y que por su ferocidad se atacaban los unos a los otros,
cualquiera podrá decirme así fueron creados,
¿Pero realmente lo fueron?
Podría decirse que se salieron de su objetivo al atacarse los unos a los otros,
y claro habría que pararlos,
pero también se estaban acabando la vegetación dado su tamaño y su número,
y aunque se diga que es una equivocación y que entonces la naturaleza podría
evitarlo sola,
eso era prácticamente imposible,
esos animales acabarían con todo, ya que a la naturaleza nadie la ayudaba a
recuperarse,
no había nadie que sembrara plantas, arboles y tanto que ahora hace la humanidad,
¿Pero cómo podría cambiarse ese sistema de vida?
¿Para alguien que ha podido crear todo?
Muy simple, bastó con mover de su órbita uno de tantos fragmentos que orbitan,
y que con solo moverlo lo hizo estrellarse en la tierra,
acabando con algo que estaba destruyendo su obra,
pero todo parece indicar que nuevamente somos las mismas bestias que se
acaban todo,
se atacan los unos a los otros hasta exterminarlos,
nuevamente estamos haciendo lo mismo que los dinosaurios,
entonces no nos sorprenda ver que a nosotros también busque la manera de
exterminarnos,
ya que no estamos haciendo lo que deberíamos y que fue el objeto de esta creación,
que debemos engrandecer todo lo que Dios ha construído,
¿Hasta cuándo lo entenderemos?
¿Qué nueva especie necesitará crear?

Dios   11-04-11

¿Cómo negar Tu existencia?

¿Cómo pensar que solo eres una ilusión?

¿Cómo describir nuestra ignorancia ante Tí?

¿Cómo pensar que solo los niños pueden verte?

¿Cómo negar Tu existencia cuando te reflejas en los ojos de los niños?

¿Cómo negar Tu existencia cuando en ellos existe tu dulzura?

¿Cómo negar que existas cuando todo tiene una razón de ser?

¿Cómo negar Tu existencia ante la estabilidad que el mundo tiene?

¿Cómo negarte si Tú has equilibrado velocidad, distancia, luz, calor, frío y los movimientos del Universo?

¿Cómo negarte si la velocidad del mundo nos permite vivir correctamente?

¿Cómo negarte si hasta el más pequeño de tus creaciones tiene cerebro, ojo, boca, alas, patas, sistemas de todo para cumplir su función?

¿Cómo negarte si lo único que nos exiges es amor y vida?

¿Cómo negarte si todo está hecho tan perfecto tanto el bien como el mal?

Porque todo lo hiciste con una razón,

Negarte para mí es soberbia,

Negarte para mí es pensar que no tenemos cerebro pensante,

Negarte para mí es negarme a mí mismo que existo,

Negarte para mí es saber que ni siquiera los animales se comparan a nosotros,

Negarte para mí es negarme a ver la realidad de la vida y la muerte.

Percepción   11-02-11

Llegas a la juventud con el alma limpia, sensible y sana,
es como empiezas a vivir la vida,
aparecen sombras en tu vida y solo una imagen se ilumina,
una imagen que te roba el alma,
y esa imagen se vuelve realidad,
una realidad que te va consumiendo la vida,
y a tu alma la van destrozando con heridas,
heridas que van desgarrando el alma,
heridas que se van supurando y no cicatrizan,
heridas que poco a poco te van destrozando el alma,
heridas que a la vejez ya te consumieron el alma,
heridas con las que tu alma ya no tiene curación,
heridas que te van haciendo morir en vida,
heridas que solo te llevarán a la muerte,
heridas que ya solo con pequeñas ilusiones te ayudan a vivir,
heridas que calman el dolor con tan solo una mirada dulce que te den,
y así con el alma destrozada solo esperas el final y nada más,
porque ya tu alma está tan podrida que a nadie iluminas ya.

Enfermeras Militares 09-16-11

Mujeres militares uniformadas de blanco
impresionante ver tu marcialidad,
la exactitud de tus movimientos impresionan,
tu rostro de mujer se engrandece de belleza con tu uniforme,
con él le das realce a tu grandeza,
y en la uniformidad de todas se ve la belleza de su dedicación,
por eso al verte sé que nuestras vidas están seguras,
en ustedes se ve que su dedicación es insustituible,
con la belleza de su juventud le dan la máxima actitud,
ya que demuestran que en el espíritu de servicio su orgullo es inalterable,
que precisamente su formalidad y profesionalismo las eleva,
y como tales las veneramos y adoramos,
a ustedes enfermeras militares son nuestro orgullo,
la Patria está segura en sus manos,
manos dedicadas a la perfección y la salud humana,
por eso hoy al verlas desfilar sabemos reconocer su valía,
valientes y arrojadas ante las eventualidades,
marciales en su desfilar y enérgicas en su dedicación al servicio.
Gloria a tan hermosas mujeres enfermeras militares.

Ese gran amor   09-18-11

Cómo quisiera yo haber sido para tí ese gran amor que eres para mí,
cómo quisiera habernos amado con toda la intensidad de un amor eterno,
cómo quisiera haber despertado siempre amándonos,
cómo quisiera haber construído un mundo de amor contigo,
cómo quisiera que nunca tus ojos se hubiesen llenado de lágrimas,
de lágrimas de dolor,
de lágrimas de tristeza,
de lágrimas de soledad,
de lágrimas de frustración,
de lágrimas como las que yo he derramado por tí,
de lágrimas por haberte amado tanto y tú no,
de lágrimas que desgarran el alma ante tu ausencia,
¿Cómo podría yo haberte hecho enamorarte de mí?
Si en tí no toqué tu corazón como tú lo hiciste en mí,
si en tí no se cerró el mundo como en mí,
cuánto diera hoy por no sufrir lo que siento,
si porque no te tengo y nadie hubo más para mí,
tú fuiste y serás mi único amor eterno.

MIA   11-14-11

¿Cómo describir la sensación de dormirte en mis brazos?
¿Cómo describir el contemplar tus sonrisas?
¿Cómo describir la hermosura de tus ojos?
¿Cómo describir la felicidad que me das con tu tranquilidad?
¿Cómo describir esa armonía de verte dormir y llorar?
Solo el amor que me inspiras lo podría describir,
solo la gran idea de verte crecer cada día,
solo el pensar que pronto podrás verme y sonreírme,
solo el pensar que cuando comiences a hablar me llames,
solo el continuo vivir a tu lado me motiva a amarte tanto,
porque el contemplar tu nacimiento,
el contemplar y oír tu llanto o tus sonrisas,
hace de mí un esclavo de tu amor,
hace de mí un devoto de tu felicidad,
hace de mí un ser tan feliz que no lo puedo explicar,
hace de mí el pensar en vivir para tí,
el pensar cuidar, atender y satisfacer todo lo que en mis manos esté,
MIA en mí encontrarás un siervo más que te ame hasta la eternidad

Silencio   11-27-11

En estos momentos en que el silencio pega,
la tristeza me invade,
las dudas me asaltan,
el llanto me consume,
la desesperación por el futuro se intensifica,
¿Cómo vencer los temores que el silencio da?
En tus ojos se iluminaba siempre una sonrisa,
de tus labios,
palabras de amor y vida siempre expresabas,
con tus pasos, siempre nos guiabas,
pero hoy no te veo,
te has alejado tanto,
tanto que mi alma llora por la distancia que nos separa,
la vida era tan hermosa a tu lado,
con tus manitas siempre te aferraste a mí,
de tu boca salían las palabras más dulces,
con tus miradas se iluminaban nuestras vidas,
sólo el tic tac de los relojes rompen el silencio,
sólo marcan las horas, los años desde tu partida,
sólo el consuelo de saber que tus sonrisas las das alguien más, conforta,
sólo el saber que tus miradas ilusionan a otros,
sólo el pensar que tu alegría se los regalas a otros nos alegra,
sólo el tener la esperanza de volverte a ver, alienta,
de poder tener tu presencia con tu calor de vida, impulsa,
y es como hoy siento que el silencio pega,
y es que quizás pronto volveremos a oírte,
que pronto nos encantarás con tus sonrisas por ese breve tiempo que nos das,
Bendita seas porque tú iluminaste nuestras vidas aunque el silencio duela.

Tu voz encantadora   12-01-11

Escuchar el timbre de tu voz,
es escuchar las voces del cielo,
tus palabras llevan tanta dulzura,
en tus palabras se envuelve el amor,
cómo no pensar en oír toda la vida tu voz,
oírte es viajar
oírte es imaginar el paraíso,
oírte es confundirse en la niebla de las nubes,
oírte es materializar el amor sublime,
oírte es imaginarte como un Angel,
es ver en ti la luz de la alegría,
es ver en ti la paz del espíritu,
es ver en ti lo increíble del amor,
es ver que en ti todo lo llevas al verdadero amor,
es ver que con tu voz adornas la dulzura de tus ojos,
es ver que en tí no existe comparación,
es ver que en tí la belleza de mujer es absoluta,
oh sí!, tu voz es el canto del cielo,
el canto del cielo que te conduce a la eternidad,
y yo con tu voz enamorado estoy.

Golpes

12-03-11

Cuando la vida se encarga de golpear y golpear,
una ilusión,
una estrella,
una bella sonrisa,
es un respiro,
una palabra de amor es una grandeza,
vivir con la mente en el pasado,
sí, pero con las mieles del presente,
porque a cada beso ardiente,
me recuerdan la pasión de tu amor,
que al vivir en este instante un beso,
a mí me produces lo sublime de haber vivido a tu lado,
porque es como si viviera en el pasado,
pero con el presente de tu amor,
que es como envolvernos en una nube de pasión deseo y amor,
por lo que lo duro de vivir en la realidad de la vida tu amor la disfraza,
porque eres una llama viviente de la alegría de vivir,
con un beso tuyo se cierra la incertidumbre y solo predomina tu encanto,
realizando la maravilla de ser un hombre y una mujer que solo viven para amarse.

Pasado y presente

12-14-11

En este espacio donde el sol deja caer sus últimos rayos,
las imágenes y los sonidos del pasado vienen a mi mente,
y en mi mente se forjan tan reales,
risas, palabras, los gritos de los niños,
todo se forja en mi mente,
pero la tarde se baña de realidad,
el jardín donde todo se vivió y se escuchó,
hoy todo está solo y en silencio,
hoy todos esos recuerdos lastiman el alma,
hoy quisiera traerlos nuevamente al jardín,
pero hoy son ya tan solo imágenes de lo que fueron,
pero hoy tengo que traer al jardín a todos,
hoy sí, pero con su realidad actual,
hoy sí, pero a vivir nuevas alegrías,
hoy sí a ver correr a los niños de los que fueron niños,
hoy debo llenar el corazón de sus nuevos gritos y alegrías,
hoy lo debo hacer porque el camino para mí se está terminando,
hoy debo dejar en sus corazones lo que en el mío dejaron,
tanto amor y alegría que es tan difícil olvidarlos,
tantos recuerdos como los que en mi dejaron también deben de tenerlos,
porque como yo algún día se encontraran con tan solo imágenes y sonidos,
por lo que me recordarán con amor como yo los recuerdo hoy.

Tu imagen divina   12-12-11

Tan solo una imagen,
tan sólo tu voz,
tan sólo escuchar tus pensamientos,
tan sólo eso me ha hecho ver la grandeza de tu alma,
pero cómo convencerte del impacto de tus palabras en mi corazón,
soy sólo una figura en el espacio,
soy sólo un ser sin esperanzas de una vida,
soy sólo un ser que ya tan sólo espera el final,
pero que el soñar nadie me lo impedirá,
porque si nunca tuve un verdadero amor,
hoy sé que el soñar e ilusionarse en una imagen es vivir,
hoy sé que nada ni nadie podrá arrancar de mis pensamientos tu imagen,
hoy sé que el sonido de tu voz siempre estará conmigo,
hoy sé que será mi guía hacia lo desconocido,
hoy sé que puedo soñar que en una nueva vida podremos encontrarnos,
quizás en lo infinito de lo imposible,
quizás en la gracia de la voluntad de Dios,
pero el soñar con tu imagen es todo un aliento de esperanzas,
y el canto de tu voz me llena de amor,
de amor como nunca se podrá imaginar nadie,
porque en el amor se vive toda una eternidad,
sí, con esa alma que ha llenado tu alma de sueños de amor,
sí, con esa alma que despertó en tí la ilusión de amar,
sí, con la cruda realidad de lo imposible,
pero que nunca se podrá olvidar esa imagen.

En algún lugar

12-20-11

Desde algún lugar,
desde algún amanecer,
desde algún sentimiento,
desde algún momento tu corazón vendrá a mí,
porque en mi dejaste una huella tan profunda que solo en tí pienso
porque ahora desde el fondo de mi corazón en el te encuentras tú,
porque ahora desde el más escondido de mis recuerdos estás tú,
porque sé que de algún punto del universo veniste a mí,
porque hoy solo tú estás en mis ideas y mis pensamientos,
hoy sé que escuchar tu voz es el canto más inmenso de amor,
hoy sé que alimentar mi alma con tu amor es vivir,
hoy sé que sin tí no hay vida para mí,
hoy sé que un ser como tú es lo más valioso que he encontrado,
por eso hoy vivo solo en medio de tu pasión y amor,
por eso hoy puedo caminar al infinito porque estás tú,
por eso hoy puedo ver que Dios te guió a mí,
por eso hoy puedo ver en el infinito tu imagen,
y con ella alcanzar la eternidad con tu amor.

¿Sonreír?

¿Cómo poder sonreír?
cuando todo se vuelve triste y amargo,
cuando a cada paso que das hay un mundo tan cruel,
cuando no puedes pensar más que tristemente,
cuando vez la cara del hambriento
cuando vez la cara del desempleado,
cuando oyes de los asesinatos entre jóvenes,
cuando ves crímenes sin sentido solo por rivalidad o por dinero,
cuando ves que se disputan el lugar como los animales,
cuando ves jóvenes mujeres y hombres en drogas,
cuando ves tanta desgracia por catástrofes naturales,
pero ver que nadie quiere cambiar nada,
entonces ¿Cómo vivir entre tanta maldad y desgracia?,
cuando todos te critican por no aceptar tanta maldad,
cuando ves que nadie quiere cambiar sus ideologías mal encaminadas,
cuando nadie quiere aceptar que existe Dios quien tampoco acepta lo que ve,
pero que también el egoísmo y la envidia prevalecen entre los seres humanos,
pero lo más triste es saber que uno está consciente de lo que pasa,
pero que solamente tiene uno que esperar tristemente las desgracias,
porque ante tanto redentor que ha tratado de salvar a la gente y que solo los han crucificado.
¿Cómo entonces sonreír?

Mi delirio   01-11-12

Amarte es mi delirio,
porque al tenerte mi ser se engrandece,
porque al besar tu cuerpo mi ser se llena de emoción,
porque al besar tus labios siento entrar a tu alma,
porque en tus labios encuentro la máxima felicidad,
porque en tus labios está la máxima expresión del amor,
porque besar tus labios ha sido toda una sinfonía sin igual,
porque al besar tus labios mi mente se transporta al infinito,
y sí, en el sabor de tus labios mi ser se alimenta,
sí, en tí no hay comparación,
por eso hoy puedo pensar en amarte eternamente,
por eso hoy sé que la inmensidad de amarte no tiene límites,
por eso en cada beso será buscar me ames como yo a tí,
porque al besarte es amarte hasta la eternidad,
porque al besarte mi vida está completamente hechizada,
porque en tus labios se encierra mi destino,
porque fue mi destino el besarte para conocerte y amarte profundamente,
porque al besarte se llenó mi alma de la gloria,
ya solo en tus labios sueño para besarlos eternamente,
solo tú rompiste mis desgracias con tus besos,
y con tus labios pronunciaste lo más sublime de la vida,
amarnos como nadie.

Oh Patria mía   01-11-12

Oh Patria mía,
cuánta tristeza invade nuestros pensamientos,
saber que quienes te gobiernan están llenos de soberbia,
saber que diariamente vemos tantas desgracias,
saber que diariamente crece la miseria y los hambrientos en tí,
saber que en la soberbia de tus gobernantes nada quieren hacer,
saber que la corrupción invade todos tus rincones,
saber que la delincuencia crece cada día,
saber que por más lucha de tu pueblo la miseria sigue creciendo,
y todo por la soberbia de tus gobernantes,
¿Hasta cuándo veremos justicia real y castigos severos?
¿Hasta cuándo veremos programas de enseñanza con valores cívicos y morales?
¿Hasta cuándo tus profesores entenderán que son eso?
Que los profesores deben enseñar el respeto a las leyes y a los semejantes, la cultura, los valores y tantas obras buenas,
que tu grandeza está en la buena educación profesional,
que tu grandeza está en la unión de todos por engrandecerte,
que tu grandeza no puede ser solo para unos cuantos sino para todos.

Pensamientos lacerados 01-14-12

Laceran en mi corazón tus sentimientos,
sentimientos duros como hierros fríos e hirientes,
me envolviste en una falsa pasión con ellos,
hoy mi alma está llena de heridas profundas por tus sentimientos,
heridas que han sido cada uno de tus desprecios,
como no recordar cuando pensaba que flores blancas adornaban tu belleza,
pero esas flores que imaginaba, ocultaban tu maldad,
tú nunca supiste amar ni desear, tu frialdad eran tu único sentimiento,
esa frialdad que hizo de tu corazón ser rígido como tus sentimientos,
por eso llegar a tí, era todo un fracaso,
tu rigidez fue como piedra, destrozabas cualquier sentimiento de amor,
pero hoy destrozado ante tanto luchar por tu amor,
hoy tan solo pregunto,
¿Qué ocultaba tu alma o tu corazón?
Tu rigidez y tu frialdad no podían ser solo tu maldad,
pues fue tanta tu belleza que a todos encantabas,
por eso hoy que veo en ti, que nunca ha habido amor en tí por nadie,
hoy solo pregunto,
¿De qué estaba lleno tu corazón?
Por que entenderte, fue más fácil entender la nada del universo.

Sentimientos de amor   02-07-12

Traer a la memoria los hermosos recuerdos de tu amor, es vivir,
ese amor incalculable,
ese amor tan especial,
ese amor tan intenso y sublime,
ese amor que le dió sentido a mi vida,
porque con tu amor pude alcanzar lo grandioso de vivir,
ese amor en el que siempre lo fincaste en los detalles,
ese amor que llenaste de pasión, vida y dulzura,
ese amor que lo convertiste en seres tan maravillosas,
ese amor que siempre supiste darle sentido a las emociones y aventuras,
por eso amarte fue siempre todo un concierto de amor,
amarte fue siempre como la luz de la luna que todo lo ilumina en la oscuridad,
amarte fue una oración de cada día,
amarte fue vivir imaginando estar en todas las ciudades del mundo,
ya que amarte a tí fue vivir la vida extraordinariamente,
el amarte a tí fue encontrar lo más bello del vivir,
amarte a tí fue bajar el cielo a mi corazón,
amarte a tí fue ayer, hoy y siempre en tus brazos embelesándome con tu amor,
ni todo el universo, ni la eternidad misma podrá separarme de tí,
porque en tu amor su fundió mi ser para ser solamente uno eternamente.

¿Perdón? 02-16-12

Quien soy yo para exigir perdón,
cuando yo he caminado por la vida dañando la vida de muchos,
cómo puedo esperar que los demás reconozcan sus errores,
si yo mismo me niego a reconocer los míos,
por eso hoy solo hay sombras de quienes tanto daño me hicieron,
sombras que remarcan sus maldades,
sombras y maldades que entorpecieron mi vida,
sombras a quienes ya no puedo reprochar mis fracasos,
solo hoy quisiera iluminar a los que siguen dañando con su maldad para que
sean reconocidos,
poder iluminarlos para evitar más frustraciones provocadas por su maldad,
porque la vida está llena de tantas maravillas,
ya que es nuestra misión aumentarlas más,
ya que no es posible destruir seres con nuestra maldad,
seres que cada día nacen con una misión para crear y no para destruir,
pero por desgracia existen seres fracasados y malditos que solo destruyen,
seres que en su soberbia no entendieron a que venían a esta vida,
y aquellos seres que sueñan con las maravillas de Dios,
y que han nacido para aumentarlas los destruyen.

Incertidumbre   02-18-12

Vivir en medio de la incertidumbre destroza el alma,
las tragedias nunca vienen solas,
esperar por nuevos dolores lo va acabando a uno poco a poco,
difícil se vuelven las buenas noticias y el dolor aumenta,
pero existen seres a quienes de las tragedias se burlan o gozan de ellas,
mientras que en el corazón de uno se va muriendo por ellas,
entonces donde encontrar ese antídoto que le da a esos seres la frialdad,
puesto que difícil es para todos superar el dolor y la muerte,
se está acostumbrado a vivir en paz, cuando de momento azotan las tragedias,
terremotos, accidentes catástrofes naturales y tantas tragedias,
cómo superarlas cuando se es sensible al amor y al dolor,
porque se ama y nunca se resigna a la pérdida de quienes se ha amado,
porque también se vive sin dolor, porque la vida es preciosa,
pero cuando las tragedias llegan
¿Cómo superar el dolor cuando no se sabe superarlo?
Se ama tanto la vida y a sus seres amados que perderlos no se acepta la resignación,
¿Cómo endurecer el alma cuando se guardan tantos bellos recuerdos?
¿Cómo encontrar esa resignación a no volver a oír a esos seres amados?
¿A quién debemos invocar para sentir un poco de calma?
Siempre queremos culpar a Dios de nuestras tragedias,
pero El nada tiene que ver ante nuestra soberbia,
pues nos ha dado la inteligencia para comprender los peligros y como evitarlos,
pero nuestra soberbia nos hace ciegos a todos los peligros,
por eso debemos encausar nuestras vidas a sus enseñanzas,
La vida y el amor lo podemos conservar si vivimos con sentido común.
Dios no nos dice como ni cuando,
somos nosotros los que no medimos el peligro de todo.

Descubrimiento 02-20-12

En el descubrimiento de tu mirada,
en ella encuentro la ternura de tu amor,
en tus ojos se refleja toda una historia,
como no pensar en toda la historia que irás creando,
porque es en tus ojos donde se adivina la grandeza de tu alma,
debemos ser testigos de esa historia que nos irás escribiendo,
porque cada día, cada año sé que crearás tanta dulzura con tu vivir,
que ojalá sea yo parte de tus pasos,
para que sea yo una forma de impulsar tu sabiduría,
ver en tus ojos es enamorarse de tu alma,
el mundo verá la belleza de tu rostro que será una guía,
sí, una guía a la alegría, a la sabiduría, a la oración,
una guía a la vida,
recuérdame siempre que en mis brazos encontrarás consuelo y descanso,
porque debo ser siempre un apoyo en tu vida,
porque eres tan maravillosa que de tu ternura podré vivir el resto de mi vida,
cómo no he de admirarte cuando me señalas las cosas que te asombran en medio
de tu inocencia.

Soñar   02-22-12

Cómo no desearte que siempre tengas hermosos sueños,
cuando los míos siempre lo son porque en ellos estas tu,
que más cuidado puedo tener si me amas tú,
que más puedo desear o soñar si te tengo a tí,
¿Qué la vida está llena de dolor y tragedias?
¿Qué puedo necesitar? Si tú lo diluyes todo con tu amor,
¿Cómo no pensar en tí? Cuando llenas nuestras vidas de amor,
¿Cómo no dedicar cada paso de mi vida a tí? Sí tú lo has dedicado a mí,
El esplendor de cada día tú lo engrandeces más con tu sonrisa,
y si el día es triste y lluvioso tú lo llenas con tu luz y tu alegría,
tu voz es tu canto y tus palabras tu música,
y con esa música mi vida es una canción de felicidad,
por eso puedo gritar y escribir miles de veces te amo,
y con tu amor nada más se puede desear,
por eso mis sueños son tan hermosos,
hermosos si porque hasta en ellos te tengo,
sí te amo, te amo con devoción,
porque tú eres como una oración,
rezarte es amarte,
porque en todo tú eres recíproca,
todo lo devuelves con amor.

Iluso   02-26-12

Iluso de mí, creer que me amabas,
en mi ceguera por amarte, no te comprendía,
era tanto mi amor que nunca quise herirte,
era tanto lo que te amaba que no entendía porque tú si siempre me herías,
si pensarlo estuve siempre contigo amándote,
pero tú sin pensarlo me despreciabas a cada instante,
pero era tanto mi amor que todo lo confundía,
tus besos fríos estaban cargados de maldad,
porque en tí solo había interés por vivir de mi,
pero claro sin amarme solo usarme,
poco a poco fuiste sembrando en mí la desconfianza,
poco a poco me hiciste abrir los ojos,
hoy cuando puedo ver cuanta maldad hay en tí,
hoy siento empezar a odiarte,
pero hoy siento que la vida para mí se ha acabado,
hoy siento que fuiste tú lo más perverso que encontré,
porque supiste usarme dándome tu falso amor,
hoy que a la vida le debo tanto solo tengo tu desamor,
hoy siento que ya la vida se ha acabado para mí.

Imagen y soledad   02 27-12

Como brilla tu imagen en mis recuerdos
Ya que es como una semblanza del amor profundo que por tí sentí,
¿Pero cómo poder engrandecerte ahora?
¿Cómo traerte a mí en mi presente?
Cuando siento el deseo de traerte para amarnos como lo hicimos en el pasado,
como tantas noches en el que amarnos fue lo único para los dos,
donde los sueños y las ilusiones por el futuro lo imaginábamos juntos,
donde tantas ideas llegamos a imaginar,
y aunque hoy solo el silencio de la noche es lo que me acompaña,
el revivir en mi imaginación tu imagen sí me devuelve los momentos de amor contigo,
aunque todo se conjuga en mi mente a pesar de que tú no estás,
y en ella te puedo amar, cantar, hablar,
pero es la soledad de la noche la que me devuelve a la realidad,
solo, solo como tú me dejaste,
resignarme es algo que no logro ya que sé que tú no volverás,
y aunque te reviva noche a noche tú ya no estás,
tú ya no estás porque te arrancaron de este mundo,
te dejamos ir en tu sufrimiento y tu dolor,
sí, te dejamos ir por nuestra inutilidad,
por eso hoy solo los fantasmas del pasado me acompañan.

Primavera   03-21-12

Cantan las flores en la primavera,
también cantan las aves,
todo es esplendor en primavera,
y el perfume de las praderas nos embeleza con su fragancia,
el contacto con las flores nos envuelve en su maravilla de colores y aromas,
en el mundo se reverdecen las colinas, valles y montañas con la primavera,
nada más puede existir que el sentirse parte de esa naturaleza,
la humedad del aire llena nuestros pulmones,
llenando de vida nuestros corazones,
caminando entre flores y animales el corazón se inspira para amar,
los ruidos y cantos de las flores entonan una hermosa melodía,
llenando nuestras mentes para vivir sin medir el tiempo,
llenando nuestras vidas de obras que nos engrandezcan,
llenando cada hueco que la naturaleza deja para completar su obra,
con nuestras vidas enmarcadas en la maravilla de la naturaleza fortalecerlas,
esperando cada estación para ayudar a engrandecer nuestro entorno,
sin tratar de desaprovechar lo que la naturaleza nos ofrece,
tratar de superar las carencias de la naturaleza con nuestro ingenio,
como llevar agua, tierra, abonos, y tecnología para engrandecer los campos,
debemos disfrutar no destruir nuestros entornos.

¿Destruido?   03-23-12

Destruido y solo me siento,
la frustración me agobia,
¿Cómo poder encontrar paz ante tanta infamia?
Siempre pensé valer algo,
sin embargo fui nada,
a la vida le dediqué mis mejores valores,
y solo recibí burlas,
le di mi más profundo amor a una mujer,
pero solo encontré asco y odio en ella,
¿Cómo pensar que a la vida me debo entregar?
Ya que en nada he servido de algo,
frustración tras frustración,
parece que mi alma solo encontrara paz en la muerte,
la vida solo me ha dado fracasos,
nunca las oportunidades de las grandes ocasiones o triunfos fueron para mí,
sólo mediocridad encontré en la vida,
el pensar que me amarían por mi dedicación fue uno de mis errores,
errores que han arrastrado tanto dolor,
el tratar de encontrar los caminos del triunfo siempre los perdí,
pero hoy ya solo esperar el final será lo que calmará mi vida.

Juventud   03 -28-12

Hoy que la juventud ha llegado a mi vida,
hoy con amor y con pasión quiero dedicar,
a una Nación que ha sido pisoteada,
a una Nación que ha sido oprimida,
a una Nación que ha sido explotada,
a una Nación que ha sido víctima de invasiones,
a una Nación que ha sido víctima de conspiraciones para destruirla y manipularla,
a una Nación que teniendo todo un extenso territorio,
fue despojado de la mayor parte del mismo,
a una Nación que con tantas riquezas ha sido objeto de tantos ladrones,
a una Nación a la que masacraron a su gente hasta casi exterminarla,
a una Nación que aun espera de sus hijos ayuden en su salvación,
a esa Nación voy a dedicar ahora mi juventud y mi vida,
a dedicarme a engrandecerla con mí trabajo,
que con mi voz sirva para impulsar a las juventudes que la integramos a reconstruirla,
si con el empeño de todos nosotros sus hijos para hacer de nuestra Nación,
la Gran nación que siempre debió ser,
porque a pesar de todo siempre fue cuna de grandes hombres,
y hoy todos debemos nuestras vidas a esa gran Nación,
a esa Nación que está esperando lo mejor de todos sus hijos para su grandeza,

Mujer y belleza   04-10-12

Mujer escultura perfecta de la belleza,
en tus ojos, tus labios, tu rostro,
siempre se dibuja la felicidad,
felicidad sí, porque siendo mujer todos te amamos,
lo que hace de tí la felicidad de todos nosotros,
en los jardines del mundo solo las flores compiten con la mujer,
sus colores, sus aromas, todo en ellas es belleza como en la mujer,
su voz es como el canto hermoso y suave de las aves,
amarlas es la más grande emoción en la vida que se puede sentir,
en su fragilidad es como la fragilidad de las flores,
por eso no se deben maltratar ni por el viento,
nada es comparable a la felicidad que nos producen al amarlas,
es vida, reencarnación, espiritualidad, creación, inspiración,
en sus vientres está la maravilla de la vida,
en sus vientres nos creamos,
en sus almas nos educan,
en sus mentes nos aman,
en sus corazones nos guardan,
pero en sus tristezas nos rechazan,
en su dolor por nuestra culpa nos odian y nos aman,

Infamia y locura

04-09-12

Ante tanta infamia,
locura tras locura,
ante tanta burla y maldad,
mi alma se pregunta,
¿Quién soy yo?
Qué tanta maldad y burla recibo,
¿Qué hice yo para ser punto de tanta burla?
¿Cómo aceptarlo cuando crecí con tantos ideales?
Cómo aceptarlo si los valores fueron enseñados férreamente,
¿Cómo he de responder ante tanta injuria?
¿Quién podrá ahora explicarme mis errores?
¿Quién con su criterio me podrá juzgar?
¿A quién deberé hacerle caso?
Pues mi alma confundida está,
ya hoy no hay como defender mis valores,
soy ahora objeto de tanta burla por los mismos,
que ahora no sé quién es el ridículo,
¿Quién es ahora el tonto?
¿Quién es ahora el centro de tanta maldad?
Que por lo mismo me hace gritar
¡Soy Yo!

Fría y astuta   04-08- 12

¿Cómo sorprenderse de la infamia?
De la infamia de un ser que es fría y sin sentimientos,
donde solo su astucia para su maldad predomina,
en su mirada solo hay dureza,
en su mirada se adivina su mente calculadora,
una mente llena de soberbia y egoísmo,
en su mirada y en su rostro hay mucha belleza,
belleza sí para engañar y herir,
con sentimientos perversos tan confusos como su belleza,
pareciera hija del averno,
ya que su maldad sin límites solo destruye,
enamorarse de su rostro fácil es,
sobrevivir a su maldad difícil es,
como no dejarse envolver en su pasión,
ya que en su pasión está la forma de su maldad,
solo usar y destruir,
infortunado quien de ella se enamore,
pues de su amor solo obtendrá la muerte,
muerte física o en vida,
mujer como ella solo el cielo la comprende.

Vida sin amor 04-14-12

Porque la vida sin amor no es vida,
en ella el amor es indescifrable
si tú nunca lo has sentido menos lo entenderás,
el amor es entrega,
el amor es sacrificar la vida misma por quien amas,
el amar es darlo todo por nada,
la vida sin amor no hay forma de describirla,
amor se conjuga todo el universo de la vida,
nada se mueve en la alegría de vivir sin amor,
pues sin amor solo es rutina la vida,
sin amor no hay música,
sin amor no hay amaneceres ni atardeceres esplendorosos,
porque sin amor todo solo se confunde en la frialdad que hay sin amor,
¿Quién puede ilusionarse sin un amor?
Solo los animales y hasta ellos parecen amarse al unirse,
sin amor es morir en vida
sin amor la vida se robotiza,
quien vive sin amor vegeta,
quien vive sin amor pronto se destruirá así mismo,
el amor lo es todo en la vida para ser constructivo y feliz.

¿Empatía?   09-04-12

¿Cómo sentir el dolor que tú sufres?
¿Cómo podré guardar en mi corazón tus lágrimas?
Verte sufrir es toda una pesadilla,
la crueldad con que te han tratado es increíble,
tus lágrimas encierran toda una tristeza vivida,
la tortura con que viviste ha sido inconmensurada,
noche a noche sufriste la tortura de la maldad,
la muerte te rodeó siempre,
los gritos de quienes morían en la tortura te torturaban más,
o el llanto de quienes morían lentamente de enfermedades,
enfermedades provocadas por el cautiverio en que los tenían,
pobre de ti, ¡oh ser! ¿Quién podrá valorar tu vida?
¿Quién podrá tomar el ejemplo de tu calvario?
Sí, quien que no repita la maldad de los que te hicieron sufrir,
¿Quién? que llene de alegría y vida a los demás,
¿Quién? que deje de torturar y matar a sus semejantes,
¿Quién? le retornará la alegría de vivir y no de morir,
¿Quién? que deje de ser un animal matando y torturando a sus semejantes,
¿Quién? que se convierta en discípulo de la vida,
Debo ser yo, ese ser que transforme la vida de los demás,
debo ser yo quien los haga vivir en la razón y la alegría de vivir,
debo ser yo quien les devuelva a los demás la obra de Dios.

Cantos de amor   04-14-12

Canto infinito de amor,
es así como suenan para mí la ternura de tus palabras,
en la quietud de la tarde tu belleza resalta
resalta como los rayos del sol que iluminan tu cara,
al besar tus labios dejan en los míos la miel de tu amor,
poco a poco mi alma se va entrelazando con la tuya,
y en esta comunión que tu amor me produce,
el alma mía se estaciona en el tiempo,
y así deja que el infinito del amor nos confunda,
sí, nos confunda para solo vivir y morir de nuestro amor,
porque en el vacío de mi vida lo llenaste tú,
hoy nada me importa más que hundirme en tu amor,
sé que el tiempo ya no existe para nosotros,
hoy nuestro amor nos llevará al infinito,
y en el infinito nuestras almas juntas eternamente estarán,
la vida con tu amor es tan solo un espacio en la eternidad,
conocerte y amarte es y será la gloria de mi existencia,
porque nadie como tú para cantarme con amor la entrega de tu mismo amor,
vivo yo en tí como tú en mí por el infinito de nuestro amor eternamente.

Perderte

Perderte ha sido la mayor de mis angustias,
la soledad en que grabaron mi vida me marcó desde niño,
encontrarte y amarte fue toda una maravilla,
pero la vida enseña a no confiar,
y ante todo tu amor nunca fue mío por completo,
días y noches pensando siempre en tu amor, alentaba mi vida,
alentabas mis esperanzas con las noches de pasión que me diste,
pero la vida se va acabando,
la vejez cae poco a poco en mí,
y el miedo de perderte crece,
¿Cómo perder el único amor de mi vida?
¿Cómo acostumbrar a mi ser nuevamente a la soledad?
Espera amor, no te vayas, espérame un poco más,
sé que tus deseos por volar por el mundo te impulsan,
pero déjame despertar en tus brazos un poco más,
déjame amarte un poco más,
ya que quizás nadie te ame como te he amado yo,
llenemos un poco más nuestras memorias,
con un poco más de amor,
con un poco más de tus entregas,
con un poco más de tu alegre vivir,
no dejes que mi alma llore ante tu partida.

Enmarcarte   04-30-12

Enmarcarte en un sueño de amor fue toda una ilusión,
tu belleza contrastaba con todo lo idealizado,
soñar con tocar tus manos me emocionaba,
ya que en el calor de tus manos estaba tu pasión,
ver la profundidad de tus ojos me hipnotizaba,
la frescura de tu rostro coincidía con el rojo de tus labios,
por eso todo era enmarcarte en el amor ideal,
poco a poco me fuiste atrapando en tu amor,
poco a poco a tu manera me transformaste,
hoy sé que te pertenezco en cuerpo y alma,
hoy estoy seguro de haber encontrado en tí lo ideal,
hoy mi vida se ha encaminado a servirte con amor,
hoy sé que nunca podré arrepentirme de amarte profundamente,
hoy sé que tu belleza no fue solamente física,
tu belleza fue moral, inteligente y de cualidades infinitas,
hoy sé que caminaré a través de los años amándote,
hoy sé que al final de nuestras vidas seremos un ejemplo de amor,
hoy sé que la excitación en mi corazón es por tí,
bailar, cantar, trabajar, vivir, todo por tí lo vale,
como la lucha por vivir a tu lado feliz, lo vale,
y hasta la muerte lo valdrá.

¡Oh Patria!   05-18-12

Democracia, justicia, honor, lealtad y libertad,
palabras que tus ciudadanos hoy profanan,
pareciera que a la muerte las riquezas y el poder se lo llevarán a la eternidad,
ya no les importa toda una vida de sacrificio y deber,
hoy solo las riquezas mal habidas predominan entre tus mejores integrantes,
hoy algunos de tus ciudadanos lloran la muerte infame de sus seres queridos,
hoy algunos de tus ciudadanos lamentan la perversidad de los malos integrantes,
entre tus ciudadanos parece acabarse los buenos integrantes de tu liderazgo,
pero lo más lamentable son tus lágrimas ¡Oh Patria mía!
por esa profanación que hacen de tus tierras,
¿Quiénes son ellos que no miden la desgracia de los actos que cometen?
¿Quién ahora podrá devolverte tu integridad como Nación?
¿Quién que deje de llevarse por las riquezas mal habidas y use su poder para trabajar por tí?
¿Quién sabrá sacrificarse por tí para devolverte tu grandeza de Nación?
¿Quién podrá levantar la voz para impulsar a tu gente a la renovación de los valores?
¿Quién podrá levantar la voz sin mentiras ni falsas promesas?
¿Quién podrá devolverte la tranquilidad de tus tierras que se ha perdido?
¿Quién tendrá la verdadera sabiduría para la honestidad y la lealtad para gobernarte?
Sí, pero para gobernarte con lealtad honradez, justicia y verdaderos valores,
ojalá surja un verdadero líder capaz de impulsar los mejores propósitos para engrandecerte,
por eso yo le ruego a Dios que te ilumine para que encuentres esos verdaderos ciudadanos,
ciudadanos que verdaderamente sepan valorar la grandeza de tus tierras,
ciudadanos que sepan llevarte por el camino del progreso, la honradez y el trabajo justo.

Rayos de sol

05-26-12

Caen los rayos del sol de la tarde,
y con ellos la nostalgia viene a mí,
el recordar la sensibilidad de tus palabras
el recordar como engrandecieron mi vida,
es recordar cuanto amor había en tus palabras,
el recordar la belleza que nos rodeaba siempre cuando nos amábamos,
me hizo enamorarme profundamente de tí,
con el azul de las aguas del rio se combinaban con tu belleza,
de tu corazón brotaron siempre hermosos sentimientos,
el encanto de tenerte en mis brazos se grabo en mi corazón,
hoy que los recuerdos de toda una vida a tu lado brotan en mí,
hoy siento la gloria de haberte amado tan profundamente,
hoy sí sé que la maravilla de tu amor ha sido como las más maravillosas flores,
sí, porque en cada flor hay belleza, color, perfume, vida y esplendor como lo
hubo en tu amor,
es tal lo que de tu amor ha sido para mí,
que con el aroma y el color de una gardenia puedo comparar tu belleza y tu
amor con la pureza de ella,
por eso digo que a los rayos del sol que por la tarde caen ha sido así la vida a tu lado,
esplendoroso como el más cálido y esplendoroso día,
y que al anochecer es recibir la magia de tu amor,
para dormir hoy, mañana y siempre eternamente en tu amor.

Pensamientos de Amor   05-28-12

En el fondo de mis pensamientos resalta tu belleza,
en ellos puedo disfrutar de tu amor,
en ese fondo mi ser se llena de amor por tí,
en ese fondo el deleite que da el calor de tus labios me enamora,
en ese fondo el sonido de tus palabras me engrandece,
en ese fondo mi ser vibra al solo pensar en tí,
en ese fondo hay esperanza, luz, vida y amor,
en ese fondo mi vida se engrandece con tu amor,
en ese fondo la vida crece y se llena de felicidad con tus palabras,
en mis pensamientos está la hermosura de tu pasión,
en ellos la naturaleza adorna nuestro amor,
en ellos se llena de flores y melodías,
en ellos amarte es todo lo que mi alma puede desear,
en ellos no existe límites para valorarte, apreciarte, amarte, desearte,
en ellos vivo el más hermoso de los sueños de amor,
en ellos puedo contemplar cada parte de tí,
en ellos puedo regalarte el más profundo sentimiento de amor
porque en ellos solo puedo platicar conmigo sin herirte ni dañarte.

¿Cómo tú?   05-30-12

Llora en mí todo mi ser,
ya no puedo verte,
ya no puedo ver tus divinos ojos,
ya no puedo oler tu aroma,
ya no puedo escuchar tu maravillosa voz,
ya no puedo contemplar tu figura tan hermosa,
tocaste muy adentro de mi corazón con tus sentimientos,
tus palabras fueron alimento en mis pensamientos,
tu alegría rebosante iluminó mis días,
pero hoy ya no estás cerca de mí,
¿Cómo revivir tan hermosos sentimientos a tu lado?
¿Cómo comprender que sin tí hay que vivir?
¿Cómo aceptar que debo aceptar las reglas de la vida?
¿Cómo aceptar que después de conocerte debo adorarte solo en mis pensamientos?
¿Cómo aceptar que solo puedo amarte en mi imaginación?
¿Cómo aceptar que ya no debo verte?
Hoy a Dios invoco para no olvidarte y amarte como siempre lo hicimos,
hoy solo hay una verdad ¡Mujer como tú ninguna!

Ser única   06-12-12

Quien podrá tener una vida como la nuestra si fuiste única,
con tus besos candentes y misteriosos,
porque aunque tus acciones eran frías, eran para nuestra felicidad,
tus pensamientos estuvieron siempre llenos de motivaciones,
tu actuar por el mundo siempre fue con firmeza y determinación,
por eso yo digo con amor,
amarte a tí siempre será lo más sublime que encontré al vivir,
por amarme así,
hoy sé que nunca te perderé,
hoy puedo vivir agradecido a tí,
hoy puedo decir que la vida tuvo un inmenso valor a tu lado,
hoy puedo sentir que la vida fue maravillosa porque te encontré,
hoy siento una gran ilusión de poder disfrutar del resto de mi vida a tu lado,
hoy puedo entender y percibir el amor con claridad,
ya que al amarme me has transportado a tu mundo,
a ese mundo tuyo donde no existe el dolor ni el sufrimiento,
a ese mundo tuyo donde amarte íntimamente es extasiarse hasta el infinito,
a ese mundo tuyo donde se puede esperar vivir como en una burbuja,
porque en este mundo la vida puede ser cruel,
si no se sabe aislarse de la maldad,
si no se sabe crear riquezas que te aíslen,
porque un amor como el tuyo es todo un tesoro en el que tú has reunido riquezas,
riquezas para vivir solo con tu amor,
y por eso solo vivo para amarte.

Recibí de tí

07-21-12

Como no pensar en tí,
si de tí recibí el amor más sublime,
si de tí recibí la entrega total de tu vida,
si en tí encontré la forma más maravillosa de vivir,
si en tí fue toda una oración a cada instante por la vida que tuvimos,
si en tí la vida es inolvidable ya que en cada paso lo llenas de amor,
contigo los momentos difíciles los convertiste en oraciones,
contigo no hubo hambre ni frio,
contigo las flores adornaron nuestros corazones,
contigo todo fue una fascinación a cada momento,
contigo las noches se llenaron de amor y pasión,
contigo todo fue crear y construir nuestros destinos,
hoy puedo pensar que la vida nos dio todo, que nada debemos,
hoy siento que si la muerte llegase a nuestras vidas, juntos estaremos,
porque para mí tú fuiste la vida y la ilusión de vivirla y fue contigo,
porque somos una sola pieza indivisible aquí y en la eternidad,
porque un amor como el tuyo no tiene comparación,
porque tú fuiste un ser inimaginable siempre fuiste real,
porque tu tuviste los encantos para vivir eternamente enamorados,

Tanta belleza   07-14-12

Jamás en la vida había visto tanta belleza,
tu imagen deslumbró todo mi ser y mi alma,
y hoy no sé con qué palabras podré acercarme a tí,
ya que sé que una mujer como tú son como ángeles del cielo,
tu hermosura hipnotiza y mis sentimientos ya no tienen dudas,
enamorarme de tí fue instantáneo pero cómo describir lo que siento,
cuando todo lo deslumbras con tú ser maravillosa,
invocar al cielo para solo pensar en amarte es lo único en mí,
pero a la vez la distancia se me hace eterna para llegar a tí,
pues si en mí el amor se iluminó al conocerte,
en tí ni siquiera pude distraer tu mirada hacia mí,
pero como podría hacerlo si yo para tí fui nada,
tu ser angelical no podría fijarse en un ser tan insignificante como yo,
pero para mí ya el solo imaginar amarte se ha vuelto mi vida diaria,
pero ahora el dolor de amarte en silencio me llena de tristeza,
pareciera ser que solo fuiste un espejismo, pero sé que eres real,
y en esa realidad sé que nunca tu amor me pertenecerá,
pero para mí aunque te amé eternamente en silencio será mi vida,
ya que esa será la forma de vivir ahora para mi amándote sin fin,
ya que mi mente está llena de tí con tu belleza esplendorosa.

Sueños   07-21-12

En algún lugar quedaron mis sueños,
lugares donde el amor y la pasión se fundieron,
lugares donde la lluvia o los atardeceres engrandecieron mi vida,
tantos momentos tan inolvidables,
aventuras de cada día que alegraron mi vida,
pero que también llegaron a ensombrecerla,
¿Cómo desterrar de mi mente tantos recuerdos?
¿Cómo poder borrar tantas alegrías y tragedias?
Hoy la música de todas esas épocas toca mi memoria,
y sí, hoy lloro porque quisiera revivir lo que ya no existe,
y si lloro es porque hoy ya es difícil crear sueños,
crear sueños ante la adversidad de la vejez,
difícil también es cuando la soledad también te acompaña,
pero hoy en esta tranquilidad la espera es lenta pero llena de recuerdos,
y ante la inmensidad del mar ahí puedo comparar la inmensidad de mis sueños,
fueron como un concierto que como en la música se subía y se bajaba de tono,
y en el vaivén de las olas se arrulla mi soledad en la espera de lo desconocido,
porque es así como esperamos llegar a nuestro destino al navegar por el mar,
una exacta comparación de la que debemos hacer de nuestras vidas al navegar,
vivir con un rumbo siempre de seguridad, alegría y amor sobre todas las cosas.

Esclavo de tu amor   07-25-12

Qué difícil es amarte,
qué difícil es encontrar una palabra sincera en tu corazón,
qué difícil ha sido conocerte y descubrir tu indiferencia hacia mí,
qué difícil ha sido tratar de conocer tus sentimientos,
en tí tu belleza ha sido destructiva,
en tí la crueldad de tus palabras es tu mejor expresión,
en tí no parece haber deseos ni amor,
tu silencio es traumante,
tus entregas a la pasión solo denotaban asco,
¿Cómo pude cegarme ante tu belleza?
¿Cómo entender a una mujer como tú?
Saber que eres talentosa e inteligente,
saber que tus cualidades de mujer son extraordinarias,
saber que el escucharte cantar es hipnotizante,
saber que por tí me cegó el amor,
saber que en la inmensidad de mi amor por tí tardé años en descubrirte,
pero hoy es tarde, la unión a tí me inutilizó,
hoy ya no soy nada ni nadie solo tu esclavo,
hoy tengo que soportar día a día tu frialdad,
hoy sé que nunca tendré ni conoceré el amor verdadero y menos de tí.

Una Nación

8-4-12

¿Cómo crear una Nación?

¿Cómo inspirar en su gente la grandeza misma?

¿Cómo impulsar a su gente en el trabajo fecundo y creador?

¿Cómo sembrar el espíritu de lucha y defensa por su Nación?

¿Cómo dirigirla ante la crueldad y la maldad de sus enemigos?

¿Cómo llenarlos de esperanzas por el progreso y la grandeza?

Cuando la Nación se ha llenado de criminales,

cuando la Nación se ha llenado de tanta corrupción,

cuando la educación que se imparte no tiene valores civiles ni morales,

cuando la juventud no encuentra trabajo que les permita vivir con decoro,

cuando la juventud se encuentra totalmente desorientada,

cuando se ha justificado la perversión y la maldad por la miseria,

cuando se ha propagado la miseria y el hambre,

y ante la incertidumbre de un nuevo Gobierno,

de un Gobierno que le podamos preguntar,

¿Tendrá valores patrióticos?

¿Tendrá valores morales?

¿Luchará por combatir la maldad y el crimen?

¿Luchará por combatir la Corrupción?

¿Luchará por crear buenos y honestos gobernantes?

¿Luchará por traerle al campo y a la industria progreso real?

¿Impulsará a la juventud con programas que los eduquen realmente bien?

¿Buscará realmente la independencia económica de la Nación?

¿Dejará de ser solo un Gobernante más y ser un líder verdadero?

Para crear esa gran Nación que debería ser nuestro amado México,

por que mencionar tantas necesidades que requiere una Nación es indescriptible.

Volver a oírte   08-12-12

Lágrimas se desbordan de mi corazón,
los recuerdos laceran bastante,
ya no estás con tu hermosa alegría,
¿Cómo puedo ahora disfrutar de la vida sin tí?
Las canciones retumban en mi corazón,
las lagrimas llenan ahora mi pecho,
las horas, los días, los meses caen sobre mí,
tú ya no estás en mi corazón,
tú ya no puedes oír lo que tanto nos hizo felices,
¿Cómo aceptar lo que ya nunca será?
¿Cómo poder volver a oír tu hermosa voz?
¿Cómo poder volver a oír tu canto?
¿Cómo poder sentir tu presencia si ya no me escuchas?
¿Cómo pudo ser el mundo tan egoísta contigo?
¿Cómo pudo dejarte perder el encanto que te rodeaba?
¿Cómo podemos aceptar que tú ya no estás con nosotros como antes?
¿Cómo olvidarte madre mía cuando tú llenaste mi vida?
¿Cómo aceptar lo que me pasa cuando esclavo fui de tí?

Ante tanta maldad

08-26-12

Cuanta tristeza te proveemos cada día,
con la muerte injusta y cruel de tanta gente,
gente que se destrozan los unos a los otros sin razón,
gente que no mide la grandiosidad de sus vidas,
gente que nunca va a aprender de la maravilla que creaste en nosotros,
gente que sin compasión mata y destroza mujeres niños y ancianos,
y a esa gente la pregunta es,
si Dios creó el mundo para todos,
porque se odian los unos a los otros,
cuando Dios en sus palabras instituyó amaos los unos a los otros,
Se matan ¿Por qué?
¿No tienen sentimientos?
¿No tienen raciocinio?
¿No conocen la compasión?
¿Por qué no comprenden?
Que es un ser humano,
Y que habiendo tantos seres que nos han enseñado tanto amor,
¿Por qué destrozarse los unos a los otros?
Cuando la vida es tan maravillosa,
cuando deberíamos mejor aprender a amar,
cuando deberíamos mejor aprender a orar a Dios,
porque Dios no hizo al mundo con fronteras, países, banderas, religiones o
ideologías,
ni con tanta maldad con que lo hemos llenado,
Dios nos dio este mundo para por igual todos disfrutáramos y trabajáramos por él

Mi gran amor   03-10-2011

Consumido por el fuego de tus pasiones,
me encuentro desarmado y sin cómo pagarte tanto amor,
me supiste llevar a los cielos con tu gran amor,
fuiste como el mejor sueño de amor de mi vida,
tus entregas fueron tan reales que viven en mi mente,
quisiera encontrar el camino a tí para resarcir el amor que me diste,
pero la vida nos separa cada día más
¿Cómo encontrar a tan maravilloso ser?
Recordar cada escena vívida en tus brazos es inconmensurable,
la felicidad de vivir de tu recuerdo es verdad que no te substituye,
fuiste el único ser que me entregó realmente el amor,
mi vida ahora sé que hubiese sido más dichosa a tu lado,
siempre adornaste tu amor con flores y pasión,
de tus manos bebí el más intenso amor,
tu amor incondicional que nadie más que tú me dió en vida,
brillaban tanto tus ojos cuando me amabas que hoy lamento haberte perdido,
debí comprender en tu momento cuanto valías,
debí sincerarme en tus oídos para enamorarme de tí profundamente,
pero mi ceguera te dejo partir,
por lo que hoy lloro en mi soledad de recordarte con tanto amor que me diste,
la vida hoy me cobra mi estupidez,
amor como el tuyo jamás volví a encontrar,
por eso sé que en la eternidad si te encontraré, para amarnos eternamente.

Mía la pequeña

08-26-12

En tu tierna mirada escondes la belleza de tu alma,
porque al recibir una mirada tuya es estremecer mi alma,
porque en ella encierras tanta fortaleza inigualable,
porque en tu encanto al expresarte asombras con tu voz segura,
porque en tu pequeñez e inocencia denotas demasiada inteligencia,
porque cuando duermes en mis brazos me demuestras tu confianza,
porque eres un ángel más que del cielo han mandado a este mundo,
porque yo espero proteger tus pasos para engrandecer tu dulzura,
porque espero poder aislarte de la maldad del mundo con amor,
porque espero que en tus brazos encuentre en mi vejez tu ayuda,
dame hoy siempre tus brazos para sentir el amor que prodigas,
porque yo trataré de cuidarte para enseñarte las maravillas de Dios,
en un ser como tú no debe haber sufrimiento, solo ternura y cariño,
a tí deberemos entregarnos en cuerpo y alma porque es lo que de nosotros esperas,
a Dios le doy las gracias por permitirme tenerte como un ejemplo más,
sí un ejemplo más de Su amor por nosotros,
sí un ejemplo más de la maravilla con que nos ha creado,
porque tú eres un ejemplo más de Su grandiosidad,
porque tú nos das tanta dulzura en cada día que es la muestra de Su amor,
porque en cada ángel como tú nos da la oportunidad de realizar Su gloria en este
mundo.

Sueños o realidades   08-28-12

Cuando los sueños se cruzan con las realidades,
es cuando se da uno cuenta de la realidad,
porque se ha llenado el alma de heridas que se recrudecen,
porque la vida siempre se finca en sueños,
se encierra uno en la fantasía de ellos,
sin darse cuenta de las heridas que produce la realidad,
porque al soñar en el amor se ciega uno,
sin saber que en el ser amado solo había rencor,
por eso la pregunta válida,
con la realidad que lo ha desangrado a uno con tantas heridas,
heridas que lo devuelven a uno a la realidad,
y que se encuentra que solo falsedad se recibía,
que nunca hubo amor,
que nunca se habló con la verdad,
que en cada mentira y desamor se abría una herida más,
que así el alma se iba endureciendo,
y que al final con la realidad se descubre el verdadero desamor,
que se descubre cuanta maldad puede uno recibir cuando se sueña,
cuando se vive en una fantasía de amor ciego,
fantasía que acaba por destruirlo a uno.

Liam   08-26-12

Las luces del cielo están pendientes,
tu llegada hará que se enciendan,
tu llegada le hará ver al mundo que un ángel más ha llegado,
un nuevo ser de nuestra sangre llegará,
un nuevo ser que nos traerá vida, ejemplo y alegría,
y a tí hemos de dedicar nuestra mejor ayuda,
a tí debemos exponer nuestros mejores sentimientos,
por tí no dejaremos de luchar por tu felicidad,
porque tú nos traerás un ejemplo más de la grandiosidad de Dios,
tiembla mi alma por la espera de tu llegada,
pero también tiembla por la emoción de conocerte,
porque yo sé que serás un ser fuerte y de buen corazón,
porque demuestras la emoción de conocer este mundo,
sí, cuando agitas tus manos al oírnos, lo demuestras,
pronto nuestros corazones se llenarán de tu alegría,
pronto hemos de conocer tu grandeza y fortaleza,
te espero con tanta emoción que siento que mi corazón se agita,
es demasiada la emoción que nos causa con tu llegada,
con el cielo y nosotros iluminaremos tu caminar por este mundo.

Tu primer día   09-04-12

Se graban en mi mente tus lágrimas y sonrisas,
lágrimas y sonrisas en tu primer día de vida,
pero cómo saber si son de dolor o naturales,
¿Serán risas de alegría o naturales?
Ya que también no sé porqué son,
pero lo que más me inquieta el alma es saber que hoy empiezas a vivir,
y que a tus lágrimas debemos de consolar,
que a tus sonrisas debemos festejar,
porque poco a poco tu vida se irá construyendo,
y en ese espacio nuestra lucha será por tí,
tarde o temprano tus lágrimas y sonrisas serán nuestra alegría,
serán objeto de nuestro cuidado hacia tí,
porque de nuestro cuidado estará tu futuro,
y que para bien de tu vida,
será nuestro esfuerzo y dedicación,
y que será por el resto de nuestros días,
de la que no debemos tener ningún error,
porque de nuestros errores en tu cuidado serán nuestras lamentaciones,
y no debemos dejar al azar tu futuro,
porque en ello estará nuestra alegría de vivir a tu lado,
la vida te han dado y la vida debemos cuidarte con amor.

El tiempo   09-14-12

¡Oh tiempo qué infame eres!
en vida, vivir cada uno de tus minutos tan intensamente fue eso para mí,
que hoy que la vida me has quitado,
hoy lloro porque fueron tan hermosos cada minuto que viví,
hoy lloro porque tuve amores, fiestas, risas, tristezas,
hoy lloro porque en lo hermoso de todo se acabó tan rápido,
y sin embargo me llenaste de recuerdos de todo tipo,
recuerdos que me hacían querer volver a todo lo vivido,
pero en tu caminar todo lo cambiabas,
y si en los cambios todo se volvía diferente,
en la hermosa rosa de hoy, mañana la encontrabas marchita y triste,
las fiestas de hoy a la mañana siguiente solo los recuerdos quedaban,
pero hoy lloro porque nadie me recuerda,
hoy lloro porque los amores que tuve hoy disfrutan sin mí,
hoy lloro en la soledad que me has dado,
porque me enseñaste que no caminabas en vano y no lo quise aprender,
por eso hoy no encuentro paz,
hoy solo encuentro dolor por la soledad y los recuerdos,
hoy si puedo decir que el tiempo no pasa en vano,
que como las rosas y las plantas también nosotros nos acabamos.

Amor especial   09-21-12

En esa forma especial con que me amas tú,
tus sonrisas son mi luz y mi todo,
tu cercanía hace temblar mi corazón de emoción,
volver a cada instante de mi vida a amarte es mi alegría,
¿Cómo volver al esplendor de vivir sin tí?
Ya que sin tí no puede haber vida para mí,
por lo tanto no hay esplendor,
tú haces de la vida una solución con amor cada día,
tú formas cada espacio de nuestras vidas con tu alegría,
no, no puedo pensar en dejarte porque sé que la vida nada me dará,
solo tú eres la parte más esencial del vivir,
ni el aire es tan importante como lo eres tú para mí,
en tí es encontrar el calor de vivir,
en tí es encontrar la pasión que nos excita,
en tí es encontrar más que alimento para el cuerpo que sea para el alma,
el sol brilla pero solo tu amor me deja verlo,
sin tí solo sombras de amargura hay en mí,
sin tí el alma se me seca sin tu amor,
como no desbordarme en elogios a tí,
si pareces ser un Angel bajado del cielo,
en tí se encuentran las palabras de Dios,
si "Amaos los unos a los otros"

Cuando las aves cantan   09-24-12

El alma llora cuando las aves cantan,
porque en su canto está la mano de Dios,
provocando en nuestras almas el llorar o reír,
porque nos invitan al amor,
porque nos hablan de amor y vida,
porque nos enseñan los caminos infinitos que Dios tiene,
caminos que demuestran cuán pequeños somos,
caminos que nos llevan a valorar la vida que se nos ha dado,
porque en las aves ha puesto la grandiosidad con que nos ha creado,
en ellas su canto pareciera decirnos "ora a Dios"
deja tu maldad de destrucción y venos como volamos creando vida,
porque si perfectas no somos, tú si lo tienes todo para serlo,
porque nosotras no destruimos tan solo sobrevivimos y nos reproducimos,
mientras que ustedes han equivocado su misión,
cuando nuestro Creador nos dio a cada uno una misión,
ustedes las confundieron y han creído que pueden adueñarse del mundo,
ustedes han confundido la vida,
ya que es tan solo para cumplir nuestra misión de equilibrio de la misma,
ustedes la han confundido pues se les dio inteligencia para cumplir su misión,
ustedes tan solo se han dedicado a descubrir medios de destrucción por ambición,
ojalá nuestro Creador no nos mueva otra vez un aerolito para volver a equilibrarnos.

Una niña   09-28-12

Cómo entender que una niña como fuiste tú,
que debió haber guardado tanto amor e inocencia,
seas como te he encontrado hoy,
hoy no puedo creer que en tu alma esté solo llena de odio y maldad,
no, no puedo aceptar que un alma como la tuya no se le pueda conquistar con amor,
que no quieras aceptar que hay otros caminos en la vida,
encontrar un camino que haga retornar a tu mente la inocencia de tu niñez
que le sea devuelta a tu corazón la ternura con que naciste,
otórgame el don de conquistarte y cambiar tu mirada de odio,
al de mirar con ese amor tierno que tus ojos tienen,
porque la hermosura de tus ojos son como joyas invaluables,
en ellos sus colores son tan hermosos como indescriptibles,
en ellos está la más grande ilusión de vivir,
tus ojos serán la guía a nuestros pasos a la felicidad,
en ellos estará la sonrisa de la felicidad,
en ellos siempre estará la nobleza que te caracteriza,
no dejes que la maldad de los demás siga destruyendo tu alma,
alma que cuando naciste estaba llena de bondades y amor,
por eso te reitero déjame acercarme a tí y conquistarte,
tú eres un ser como pocos se pueden valorar tanto,
déjame reencarnar en tí el ángel que nació contigo.

Desorientado   09-30-12

Toma mi corazón en tus manos,
tómalo y destrózalo en ellas en pedazos,
mi vida se ha sumido en la amargura,
en esa amargura que me ha dado tu desamor,
¿Cómo puedo vivir hoy sin tí?
Ayer, hoy y siempre que te ame hasta el infinito,
hoy sé que mi vida nada vale ya,
hoy sé que estoy sumido en la inercia de vivir sin amor,
hoy realmente no sé a dónde dirigir mis pasos,
ayer tu amor era mi inspiración,
tu amor era mi guía,
pero cómo vivir sin tu alegría de vivir,
¿Cómo vivir sin tus besos?
Vivir sin tus palabras de amor,
No, no puedo ya,
y menos sin la pasión que tu cuerpo me daba,
No, no puedo ni tolerarlo ni imaginarlo,
aunque yo ya nada soy para tí,
hoy te puedo decir que yo te tendré en mi mente y mi imaginación por siempre

Hermana   09-20-12

Como un secreto fue mi lealtad hacia tí,
una lealtad y amor muy valiosos para mí,
porque desde nuestros primeros años,
mi amor de hermana por tí fue infinito,
los dolores, malestares, humillaciones, alegrías hacia tí,
yo siempre quise enfrentarlas y compartirlas contigo,
yo no puedo comparar nuestro amor de hermanas con nada,
mi amor por tí y nuestras demás hermanas fue siempre hasta el sacrificio,
porque amarlas era amarme a mí misma
porque protegerlas era protegerme a mí misma,
porque cuidarte y cuidarlas fue una de las mejores tareas de mi vida,
hoy que postrada estás en dolor por el cáncer,
hoy puedo decir,
por tí mis lágrimas,
por tí mi sangre,
por tí cualquier sacrificio,
por tí mis oraciones,
porque la hermandad que nos unió fue única,
por eso hermana hoy que te veo sufrir tanto,
hoy sé cuánto me duele el alma,
y a Dios le pido te dé lo que mejor sea para tí.

Una imagen

09-22-12

Ante el fervor a una imagen,
invocamos todas nuestras esperanzas,
a nuestros males,
a nuestras miserias,
a nuestras enfermedades,
a nuestras penas,
a nuestros sufrimientos,
y a veces a nuestra felicidad,
claro pedimos clemencia, remedio, salvación y tantas cosas,
pero, ¿La encontraremos?
pero, ¿Seremos merecedores?
pero, ¿Seremos lo suficientemente humildes al pedir?
pero, ¿Cómo pueden realizarse nuestras plegarias?
Ante mafias que controlan la economía,
ante mafias que controlan el Gobierno,
ante mafias que controlan los médicos y las medicinas,
ante un desamor,
ante inclemencias naturales de las que no queremos protegernos,
ante tanta maldad que la gente tiene,
entonces porque queremos culpar a Dios de lo que no recibimos,
debemos reconocer que no todo está en las manos de Dios,
debemos saber resignarnos ante lo imposible,
y primero debemos buscar remedio a nuestros problemas,
antes de culpar a Dios.

Mi mejor Historia   10-02-12

Cuando me siento a meditar leo y veo que,
en mi mundo de recuerdos,
fuiste mi mejor historia,
todo se enmarcó en tu maternal recuerdo,
vivir soñando que a tu lado vivía,
fue la mejor de mis ilusiones,
pero hoy mi alma vive en la nostalgia,
sí, en la nostalgia de tu amor madre mía,
siempre guiaste mis pasos al reflejo de las palomas en el cielo,
ellas fueron tu voz,
que de alguna forma me hablaban con tus palabras para encauzarme,
pero claro hoy si lloro por tu ausencia,
pues en mi mente existen los momentos brillantes que me otorgaste,
hoy revivo cada ilusión, cada canción con tu voz, cada beso que me diste,
hoy son tus bendiciones las que han guiado mi vida,
hoy solo puedo memorizar cada oración que ofreciste por mí,
cómo no pensar a cada momento en tí cuando tú me diste la vida,
cómo no pensar en tí si de tí aprendí a amar,
cómo no pensar en tí cuando las palabras divinas las pronunciabas tú,
por eso digo que fuiste, eres y serás la mejor historia de mi vida.

El Mar   10-02-12

Navegar por el mar se llenó de gratos recuerdos,
entre ellos, la emoción de haberte amado tanto,
pero en esa emoción se incrementó porque de tu mano navegábamos,
navegar y amarte es y será lo más que puedo tener,
entre las olas, el frio de la noche, la alegría de la gente abordo y tú,
todo se enmarcó para volverme a llenar de tu amor,
un amor que ha perdurado aun entre tantas tormentas y noches de amor,
hoy amarte es llenarme de tu esencia aunado al olor del mar,
todo, todo se sumó para engrandecer el amor que te he profesado,
en el encanto de las noches en el mar y el encanto de tu belleza todo se conjugaba,
todo era amarte y llenarme de tí con tan bellos recuerdos,
las puestas del sol, el cielo oscuro, pero con tu cara hermosa a mi lado,
como podría olvidar cada momento que nos regalaron para amarnos más,
el llegar a puerto y caminar de tu mano por sus calles,
encontrar la Iglesia donde podríamos orar por nuestras vidas,
donde podríamos orar dando gracias por la vida compartida,
donde podríamos orar desnudando nuestras almas ante Dios,
donde podríamos prometernos ante Dios seguir en nuestra lucha por vivir juntos,
después recorrer sus calles que como dos niños caminábamos jugando,
que cada calle era un momento para recordarla de tu mano,
que ante el esplendor de la mañana podíamos hablar de nosotros mismos

¿Un futuro?   10-18-12

¿Un futuro incierto sin tu amor?

¿Cómo podría aceptarte algo así?

Cuando mi amor es tan sólido como el presente,

sabiendo que un futuro sin tu amor se desvanecerían mis sueños de amor,

en nuestro presente alimentar tu amor ha sido mi mejor tarea,

en nuestro presente no solo es amor lo que te he dado sino mi vida misma,

una vida que se ha llenado de realizar obras para tu amor,

una vida que se llene de trabajo para rodearte de realidades para vivir,

pues no es en mi presente el que se te ofrezca puro amor cuando existen tantas verdades,

verdades amargas al vivir en un mundo cruel,

verdades que te encierran en un mundo de trabajo y esclavitud para poderte dar amor,

horas que desgasto mi energía física y mental para vivir con tu amor,

por eso soñar a cada instante contigo es para mí vivir en el presente muy feliz,

porque es la forma de construir un futuro en el que de puro amor podamos vivir,

porque no se puede vivir de sueños cuando se vive en una realidad dura,

cuando sabes que vivir sin amor es soledad tristeza y amargura,

el conocerte llenó mi vida de ilusiones,

y mi pasado tú lo borraste con tu alegría,

hoy vivo deseando verte, olerte, besarte, oírte, porque eso es para mí el presente,

yo no quiero un futuro como mi pasado, cuando en mi presente te conocí,

tú eres para mi amor, riquezas, alegrías,

y sobre todo vivir cada instante de mi vida adorándote,

construyamos juntos nuestro presente y futuro amándonos como nadie lo haya hecho

`El llanto de un bebé   10-19-12

Llegué al mundo cuando me empecé a anunciar,
y de eso todos se alegraron,
y en ese camino, a mi arribo a la vida fue tan misterioso para mí,
y cuando arribé ¿Se dieron cuenta de cuánto dolor me dieron cuando abrí los ojos?
y que ahora pregunto ¿Estaré en las manos amorosas que me engendraron?
O ¿Estaré en unas manos egoístas y sin amor?
¿Se darán cuenta que necesito tanto amor y cuidado?
Que en mi llanto se los comunico esperando me ayuden,
que yo tengo la esperanza de mucho amor, educación y cuidado,
porque ahora me doy cuenta que en este mundo es difícil la vida,
y se ¿Darán cuenta todos o solo yo?
Que al llorar es un grito desesperado de dolor,
un dolor que yo no puedo controlar,
ya que el hambre u otras molestias me hacen gritar y llorar,
yo mismo me pregunto cuánto tiempo será así,
porque a la vez veo que pasaré mucho tiempo sufriendo hasta poder hablar,
pero a la vez pienso ¿Tendré todavía a mis padres a mi lado tan cariñosos?
O los habré cansado y no me tengan el mismo amor,
¿Entonces como hacerles comprender que necesito años de cuidado para crecer?
porque crecer sin el debido cuidado me puedo perder de ser alguien grande,
puedo crecer sin los debidos valores que lo engrandecen a uno,
yo no quiero que la tristeza me invada, quiero ser alegre en mi vida,
y para eso quiero ganarme el amor de todos para poder ser valiente e inteligente,
no me dejen que mi mirada se pierda en el infinito guíenme que necesito de
todos ustedes.

¿Pensamientos?   10-05-12

Cuánta aridez hay en tus pensamientos,
cuánta falta de sensibilidad tienes a todo,
la vida te marca en la tristeza o la alegría de vivir,
pero en tí ¿Qué es lo que te marcó?
nunca encuentro reciprocidad al amor que te profeso,
nunca pareciera que tú sientes dolor o alegría,
tu insensibilidad pareciera no tener límites
amor que te doy, amor que tomas sin pasión,
rencor que siembro en tí, rencor que ni siquiera tomas y ni siquiera lo rechazas,
¿Cómo entenderte vida mía? Si demuestras que no existo para tí,
A mí la luna me inspira al amor, la pasión, el deseo, a la meditación,
pero tú solo la utilizas por su luz para iluminarte cuando se ve,
yo no tuve que escogerte entre las mejores mujeres del mundo,
no, porque en cuanto te ví supe que eras tú el amor de mi vida,
pero pareciera yo ser una pesadilla para tí,
tu marcada indiferencia me trastorna y nada sé que hacer,
¿Cómo hacerte ver la grandiosidad con que yo te veo?
Eres para mí la flor más hermosa del universo,
solo tú llenas los espacios vacíos de mi alma,
voltea tus sentimientos dame la luz para encontrar el camino a tí,
déjame llenarnos de amor para eternizar nuestras existencias,
y así no pensar en nada que no sea amarte eternamente.

¿Joyas?   10-26-12

La joya más preciada, la más valiosa,
esa joya que siempre tratamos de adornar con oro y plata,
esa joya que queremos que represente nuestro amor más sublime,
esa joya es el amor que te entregué cuando nací,
porque con esa joya fue solo lo único con lo que pude pagar tu sacrificio,
porque tu sacrificio al parirme fue grandioso,
por eso hoy que la razón me ha dejado comprenderlo,
hoy siento que debo adornar esa joya,
hoy debo engrandecerla con toda clase de valores que la hagan grandiosa,
hoy si he comprendido cuánto dolor sufriste por mí,
hoy he visto que darme la vida no solo fue eso,
hoy he visto que dedicaste toda tu vida a criarme, cuidarme y educarme,
por eso hoy que he visto cuantas lágrimas derramaste por mí,
hoy siento que debo engrandecer esa joya para que cuando la recibas te alegre,
porque gracias a tus sonrisas y lágrimas y tus grandes sacrificios,
hoy soy un ser más en este mundo,
un ser decidido a luchar por engrandecer tu sacrificio,
porque hoy que he comprendido lo que es darle la vida a un hijo al ser padre,
hoy debo entregarte mi joya más preciada,
mi amor por tí madre mía,
que es el agradecimiento infinito por haberme dado la vida.

Tu pequeñez

10-22-12

Hoy nuevamente mi alma se ha llenado con una nueva emoción,
me tomaste de la mano con tu manita tan pequeña como el ángel que eres,
y nuevamente descubro que puede haber buenos sentimientos y amor,
que en nuestro mundo de bestias todavía podemos tener ángeles como tú,
Angeles que nos guían como lo haces tú, por esos caminos del amor,
porque Dios puso en nosotros su ternura y amor cuando nacimos,
pero la maldad humana lo destruye con su soberbia y ambición,
sin pensar o entender que nuestra misión aquí es la creación de un mundo mejor,
pero de un mundo sin maldad ni ambiciones de riquezas,
porque este mundo es tan efímero como nuestras vidas,
porque no queremos pensar que la eternidad no solo está en la muerte,
porque la eternidad también puede estar en la tecnología y la ciencia,
porque es muy natural que en el espacio podríamos eternizar nuestras vidas,
por eso deberíamos extender nuestras esperanzas en encontrar los caminos correctos,
Dios nos está esperando y pone todo los recursos para encontrar su verdad,
para convertir nuestras vidas en sus deseos de una vida angelical,
tan angelical como es la de nuestros días de bebés,
porque hay que ver en sus rostros el amor,
la ternura con que se sostienen de nuestras manos,
para indicarnos los caminos de Dios.

Tu llanto   10-22-12

Cuanta tristeza llena mi alma con tu llanto,
¿Cómo adivinar lo que te duele?
¿Cómo encontrar la fórmula que te de esa paz que necesitas?
Porque no es posible oírte e ignorarte, tu llanto duele,
¡Oh Dios! cómo encontrar el calmante a su dolor,
mi impotencia a ayudarle me enferma de dolor,
quien podrá mostrarme el camino a atenuar tu dolor,
porque sé que estás empezando a vivir,
porque sé qué esperas de todos ayuda a tus dolores,
porque sé que tú esperas que te encaminemos por la vida,
sí, pero sin tanto dolor,
que sabemos que como tú también nosotros sufrimos,
pero, si sabemos lo que sufres ¿Porque nuestra indiferencia a tu dolor?
porque lo que sí sabemos es que debemos atenuar tus dolores,
en esta vida no todo debe ser solo de tristeza y dolor,
debe de haber risas, alegrías, ilusiones por vivir
¿Cómo es que permitimos tu llanto?
Danos las esperanzas por encontrar el camino a tu dolor,
y así poder atenuarlo y engrandecer tu vida,
porque el mundo espera tanto de tí como nosotros también,
debemos tranquilizar tu vivir,
para que tu vivir sea el aprender para ser un gran hombre,
un gran líder que nos haga reflexionar a lo que hemos venido al mundo.

El cielo azul   10-30-12

En el azul del cielo se refleja mi tristeza,
una tristeza que choca con la alegría del esplendor del día,
pero esa tristeza es el fracaso de verme sin tu amor,
ese amor que has negado florecer en tu corazón,
ese amor que si lo dejaras florecer llenaría de ilusiones tu vida,
porque en el amor está la alegría de vivir,
no puedo fincar mi vida en la tristeza cuando hay tanto amor,
abre tu corazón, deja salir de él toda tu hermosura,
no llenes de nubes nuestro cielo con tu desprecio,
el cielo es tan esplendoroso que no merece oír nuestra tristeza,
yo te amo y ya amarte es el alimento que la vida me da para soñar,
yo no puedo resignarme a tratar de encontrar otro camino,
tú para mí eres especial, única,
yo sé que la eternidad para mí está en tu amor
nada ni nadie puede igualar lo que en tu alma veo,
en los sonidos del silencio, tu voz es toda una sinfonía,
una sinfonía sin fin que me da el encanto de escucharte,
si tan solo comprendieras cuanto amor me inspiras tú,
sé que no nos alcanzaría la vida para amarnos con toda la pasión que me inspiras,
cómo no desear que voltees a mis ojos para hipnotizarte como tú lo has hecho a mí,
deseo tanto encontrar las palabras para enamorarte y así me veas cómo soy,
por que repetir cuanto amor florecerá en tu corazón es la verdad de mi vida,
lograrlo es mi mayor tarea en esta vida,
porque tú eres el amor que tanto soñé.

Mi Patria   11-01-12

Patria mía como te destrozan cada día,
cuanta ceguera demuestran tus dirigentes,
pareciera que entienden a tu gente a su modo,
la miseria es para todos y la riqueza solo para unos cuantos,
ninguna teoría social ha servido y aun siguen usándolas,
ni socialismo ni capitalismo
ni ninguna porquería ha sacado de la miseria a ningún pueblo
solo ha servido a la soberbia de unos cuantos que se han enriquecido,
mientras los pueblos se siguen matando por miserias y guerras estúpidas,
y entre toda la porquería del mundo te han arrastrado,
¿Cómo hacerles ver a tus dirigentes la verdad?
Que tu pueblo necesita trabajo justo y bien remunerado,
que tu pueblo necesita de educación, sistemas de salud gratuitos,
que todos tenemos riquezas naturales para engrandecer nuestros países,
sí, a nuestros pueblos y no a unos cuantos como en todos los sistemas ha pasado,
y que aún siguen explotando a tanta gente,
el mundo debería entender que hay que encontrar soluciones generales,
y no soluciones para engrandecer a solo unos cuantos,
pronto en todo el mundo puede haber más tragedias naturales
y de esas pocos se salvarán por la soberbia de unos cuantos,
ya que no pareciera importarles la desgracia de la gente, solo su enriquecimiento

Hipocresías   11-03-12

Hipocresía, palabra con la que confundimos a todos,
decimos amar y sin embargo odiamos,
decimos trabajé y sin embargo solo nos divertimos,
¡ Soy muy fiel! sin embargo guardamos a través de la hipocresía puras mentiras,
¿Descubrir las mentiras de un hipócrita?
Es tan difícil como encontrar a Dios,
pues las personas saben ocultarse muy bien en la hipocresía,
y aunque a Dios es tan fácil encontrarlo cuando se vive honestamente,
a un hipócrita nunca se le encontrará su verdad ni con ningún temor o alegría
que se le dé,
sus verdades serán siempre primero antes que confesar su maldad,
porque para todos sabrá ocultar en sus verdades su verdadera identidad,
Identidad que atada a la maldad se va por la vida haciendo sufrir a los demás,
¿Quién podrá descubrir a un hipócrita rodeado de poder?
Es la principal forma de ocultar su maldad,
el poder con el que puede engañar, robar, matar,
y así expresarles a todos que él es un santo,
que nadie lo comprende porque él es lo mejor que podrán encontrar,
con un hipócrita se destruye tantas cosas de las que uno preserva,
como el amor, la honestidad, las riquezas, el bien de la gente,
solo un hipócrita es capaz de destruir a todo un pueblo con su maldad.

Sueños desvanecidos   11-10-12

Como en un sueño me dejé llevar en la vida,
ilusiones recargaron mi entusiasmo por vivir,
las oportunidades de trabajo, amor, viajes, estudios, pronto llegaron a mí,
todo se engrandeció para soñar en conquistar la vida,
pero cada uno de mis sueños se fueron cayendo uno a uno,
en el trabajo, la ambición de unos arruino mis ilusiones,
en el estudio la miseria me impidió estudiar,
en los viajes se convirtió en una carga por ser de trabajo,
en el amor la hipocresía y el engaño traicionaron mis ilusiones,
luchar contra la gente se convirtió en mi principal trabajo,
pero su maldad, ambición y tantos desengaños me fueron arruinando,
hoy que quiero levantar mi vida a las ilusiones de grandeza,
hoy veo lo difícil que es ya para mí,
muy pronto la vida me estará cobrando hasta lo último de lo bueno,
hoy la vida me ha empezado a cobrar muy caro el vivir,
hoy las enfermedades me azotan cada día más,
hoy cada día la soledad me envuelve más y más,
hoy las incapacidades me impiden seguir luchando por el éxito de mis sueños,
hoy ya no sé cómo debo encaminar mis pasos en la vida,
hoy todo está en la confusión y las penumbras del futuro,
hoy no sé si deberé recargar mis ilusiones para esperar ese futuro incierto,
incierto porque solo Dios sabe que nos deparará el futuro.

Misterios   11-18-12

Miedo, temor, angustia, palabras que hoy me asaltan,
la vida se está volviendo todo un misterio,
pero al ver tanto esplendor, alegría, encanto por vivir,
yo mismo me pregunto ¿En dónde estoy?
¿Por qué mis sensaciones son de temor?
¿Acaso por haber tocado las enfermedades más temidas?
¿Cómo reactivar la alegría, el encanto que nos da la vida?
¿Será el amor, la esperanza, o el valor de vivir en contra de los peligros?
¿O será que ahora los caminos me conducen al infinito?
¿Que como a todos el tiempo se está acabando para mí?
Pero al escuchar la alegría que produce la música, la primavera,
y tantas expresiones de vida son los que me hacen renegar,
sí, renegar por que las enfermedades no me vencerán todavía,
todavía existe en mi alma los grandes deseos por alcanzar imposibles,
imposibles que para todos debemos alcanzar,
porque la vida es felicidad y nunca debería ser de dolor o tristeza,
porque nuestra inteligencia nos la ha dado Dios para encontrar fortaleza,
fortaleza en contra de las adversidades para vivir con alegría,
trabajar cada día por un ideal,
ideales que nos hagan sentir vivir por algo,
y si la muerte nos toca que sea en el esfuerzo por vivir,
y aunque la muerte nos arrebate de esta vida no sentirla,
porque no debo pensar en angustias tristezas o temores,
cuando hay tanto de que vivir con entusiasmo.

En mi camino

11-26-12

Cuando cruzaste en mi camino,
de tu belleza me enamoré y la vida se tornó en magia,
impactaste todo mi ser con tu mirada creando un sueño de amor,
pero por más acercamiento a tí más lejos te siento,
pero por eso quisiera encontrar la forma de abrir las puertas de tu corazón,
ya que hoy tu indiferencia me tortura el alma,
yo veo que de tus ojos brota el amor,
en tus palabras hay candor, inocencia y a la vez sabiduría,
por eso me pregunto cómo abrir las puertas de tu corazón,
para llenarlo de amor e ilusiones de mi corazón a tí,
porque me estás enseñando a cada instante tu gran valor como mujer,
yo sé que no es solo cariño o tan solo un falso enamoramiento a tí,
yo sé que es verdadero mi amor por tí,
porque me estremeces el corazón cuando te veo,
porque no puedo dejar de soñar e imaginarte en cada instante de mi vida,
ven a mí déjame abrir tu corazón y la vida comenzará para nosotros,
una vida de lucha y amor que se volverá un ejemplo de amor,
una vida que se convertirá en trabajo y lucha por la superación,
superación que solo a tu lado se puede alcanzar y disfrutar,
ven a mí abre tu corazón y emprendamos la mejor aventura de amor,
aventura de amor y pasión que nos lleve a la eternidad.

¿Guías? 12-01-12

¿Quién es ahora quien deberá guiar tu destino Patria mía?
Cuando parezco no entender las políticas de tus dirigentes,
cuando ellos pregonan ser los sabios de la política y nosotros los que nada sabemos,
pero que la miseria y los fracasos abundan en nuestras vidas,
cuando nos obligan a trabajar por sueldos de miseria,
cuando nos obligan a realizar hasta tres trabajos a la semana,
porque ahora solo te contratan por turnos de 20 horas a la semana,
porque te obligan a trabajar sin beneficios médicos,
porque te obligan a trabajar pagando demasiados gastos,
acaso es tan difícil entender que no somos esclavos
que por eso tantos luchadores dieron sus vidas para engrandecer el trabajo,
porque trabajar es una necesidad y nunca debe ser una forma de esclavizar,
¿Dónde quedaron los sacrificios de tantos mártires?
Mártires que al sufrir la esclavitud de trabajar turnos largos por bajos salarios,
lucharon por que se reconociera su esfuerzo y capacidad,
y así darles el tiempo justo de trabajo y su pago con beneficios,
pero pareciera que la ambición sigue corroyendo a los empresarios,
la historia no se equivoca y podemos ver a tantos sacrificando sus logros,
pero hoy sí pareciera que la historia es para que la pisoteen quienes el poder detentan,
pues apoya ahora la ambición de unos cuantos a costa de muchos,
¿Dónde encontrar los verdaderos líderes políticos que nos protejan y dejen de engañarnos?
¿Quien será y tendrá la honradez de seguir los caminos de Dios para encauzarte Patria mía?
¿Porqué servir a un pueblo con la verdadera voluntad de servir es tan difícil de ver?
porque un pueblo necesita de la guía de una mano leal y con verdaderos valores de servicio,
el hambre de tu pueblo es de justicia en general, no de falsas promesas que te hacen,
porque no son los merolicos que solo buscan sus intereses los que te guiarán;
¡Jala!, que salgan los verdaderos guías que te encausen por el camino del progreso y la justicia.

¿Un gran amor?   12-02-12

¿Por qué llorar por un gran amor?
porque cuando se ha llenado la mente de ilusiones,
fácil es pensar que al tener un gran amor,
perderlo es la ruina moral del alma,
porque con amor se forjan las vidas de todos,
sin amor se vive sin creación,
sin amor hasta las flores pierden su olor,
sin amor se pierde el hambre,
sin amor se vive como una estatua,
en el amor se fincan las ilusiones,
en el amor se finca la esperanza de vivir,
en el amor se encuentra la empatía,
en el amor hay tristeza pero también alegría,
en un gran amor la vida se edifica con grandeza,
con un gran amor se vibra en todo lo que lo emociona a uno,
entonces pensar en perder un gran amor es arruinar la vida,
es sepultarse en vida,
sin un gran amor nada se desea,
sin un amor la vida no tiene sentido,
sin un amor no hay belleza en nada,
sin un amor es vivir como las plantas solo vegetando.

Penumbras   12-04-12

En las penumbras de mi vida
las sombras del dolor me acosan,
y aunque busco la claridad nada encuentro,
porque todo pareciera condenarme al dolor,
¿Cómo rescatar la claridad y el entusiasmo de vivir?
Cuando son muchas las amenazas a mi vida,
hoy qué más quisiera vivir éstas me asaltan,
¿Cómo podré empezar de nuevo?
Cuando a cada paso me resultan nuevas enfermedades,
cuando los dolores me aquejan constantemente,
la tristeza me embarga al recordar tantas tardes alegres,
ver que a cada paso una nueva enfermedad me acoge y deprime,
ver que a cada paso la soledad me invade,
porque la vejez te va dando la soledad,
porque la vejez te va relegando de los demás,
porque en la vejez brotan en tí todas las incapacidades,
porque en la vejez todos te alientan a vivir pero en el fondo saben que estás
muriendo,
porque en la vejez ya nada te recuperará la vitalidad, solo tu ánimo por vivir,
en la vejez la resignación a tus dolores e incapacidades las debe uno cambiar,
cambiar, sí, por creatividad ya sea en escribir o ayudar a los demás,
en la vejez se espera la muerte pero no sentados,
hay que luchar por vivir lo máximo.

Tiempo y cansancio   12-12-12

El cansancio ha llegado a mí,
tiempo de las decisiones y las acciones lentas,
tiempo de la meditación y las preguntas,
tiempo de analizar tanta soberbia y ambición de la gente,
tiempo de analizar tanta maldad,
tiempo de entender tanto crimen inútil,
pero a la vez todo se ve inentendible,
en la lentitud del tiempo se aprecia el valor de vivir,
en la lentitud del tiempo la belleza de todo se aprecia mejor,
pero a la vez es inentendible porque todo lo destruimos,
pero el tiempo se me está acabando,
por eso hoy quisiera dejar mis meditaciones escritas,
porque siento que para mí la vida fue un ejemplo de enseñanzas infinitas,
que al cielo llegaré para comunicarlas y se engrandezca la vida,
porque vivir fue para mí la mayor satisfacción que el cielo me dio,
porque aprendí tanto que no entiendo porque los demás se destruyen,
¿Porqué los demás no aprenden a amar lo que Dios creó para nosotros?
Porque la vida es tan maravillosa cuando sabemos valorar la naturaleza,
porque en cada partícula está la mano de Dios enseñándonos su grandeza,
¿Cómo entender tanta maldad cuando existe tanta belleza?
¿Cómo entender tanto crimen por maldad cuando es tan difícil vivir?
Porque la gracia de vivir es un regalo de Dios y a la vez tan difícil de realizarse,
pero para mí ante el cansancio de mi vivir,
hoy doy las gracias infinitas por el maravilloso don de vida que Dios me dió.

Regresaste   12-14-12

Regresaste a iluminar mi corazón,
tu belleza nuevamente impactó mi corazón,
pero como las aves, tan solo fue por instantes tu presencia,
pero esos instantes ilusionaron y llenaron nuevamente mi vida de amor,
de ese amor que llegaste ha hacer brotar de mi corazón por tí,
pero que la distancia de tu amor hirió mi corazón,
sí, porque tú eras como las estrellas,
porque eras un amor inalcanzable,
pero eso no dejó de enamorar mi alma por tí,
tu belleza siempre ha sido cautivante,
tu belleza fue y es incomparable,
por eso hoy lloro,
porque nuevamente solo tu aroma y tu presencia pasó veloz ante mí,
y aunque sé que nunca podré realizar este amor que por tí nació,
hoy sé que nunca saldrá de mi alma,
hoy sé que siempre deberé estar esperando que aquí o en la eternidad vengas a mí,
porque hoy si sé que nuestras almas son una sola,
porque sí la vida nos separó no hemos dejado de ser una sola alma,
porque nuestro amor nació en el infinito y siempre nos volverá a unir.

Espectáculo en mi corazón 12-15-12

Conocerte fue todo un espectáculo en mi corazón,
brillaron las luces del firmamento con tu belleza,
tu rostro impactó tanto mi alma que me enamoré profundamente de ti,
en cada instante de mi vida hoy estás tú en mi,
mi vida se ha encadenado a tí,
eres una mujer tan hermosa que imprescindible es vivir sin tí,
el aliento de tu boca hechiza mis sentidos,
pensar en amarte con toda mi pasión es hoy mi mayor ilusión,
como no dejarse impresionar con todos tus valores de mujer,
encontrarte fue el mayor regalo del cielo a mi vida,
hoy me siento en las manos del cielo con tu amor,
tus palabras llenan mis oídos de amor,
el encanto que te rodea no tiene límites,
amarte por toda la vida será la mayor de mis esperanzas,
tu voz es un canto que me enamora más en cada momento,
tus ojos divinos llevan el mayor mensaje de amor,
pues en ellos tu mirada dulce y serena, hipnotiza mi corazón,
ya nada existe ahora para mí, solo tú,
solo el cielo será testigo de cuanto te amo,
porque ahora eres para mí la oración de todos los días y las noches,
porque al recordar tu rostro, tu nombre, es un canto del cielo hecho mujer,
y quiero llenar tu vida de amor, de ilusiones por vivir,
porque vivir en tu amor es y será la mejor obra de mi vida.

Final   12-20-12

¿Cómo determinar que la vida está por terminar?
Cuando me he pasado día y noche luchando por vivir,
¿Cómo pensarlo cuando se tienen tantas ilusiones y metas por lograr?
Pero la realidad duele, porque se ve en el futuro fuertes males físicos,
enfermedades en que la muerte se ve en ellas,
y algo que hiere el alma es la vejez,
vejez que cuando se ama y se desea vivir no se acepta,
pero que la gente te grita a cada instante lo que eres,
pero en la lucha por las ilusiones se fijan metas,
sé que las finco en sueños difíciles de alcanzar cuando no se tienen recursos,
pero también tengo sueños inalcanzables como en el amor,
sí, porque al no sentir el amor recíproco se sufre de soledad,
sé que esa soledad de amor sea por mi culpa,
pero tengo tanto amor para dar,
pero lo que no acepto es solo dar y no recibir nada,
porque en la vida se lucha por amor y todo se materializa con el amor,
por eso no puedo aceptar la vida en soledad,
porque pienso que es morir en vida,
y cuando se lucha por vivir no se puede morir en vida,
y en mi lucha por compartirla, es mi obsesión hacerla en compañía con amor.

Llanto y tristeza

12-22-12

Me ahoga el llanto y la tristeza,
los años han pasado,
y el tiempo ha caído sobre mí,
hoy me embarga el dolor de tu amor,
un amor inentendible que ató mi corazón a ti,
un amor que me permitió vivir a tu lado,
un amor que cegó mi corazón a tus desprecios,
un amor que me permitió crear toda una vida con amor,
un amor que me permitió crear seres hermosos de mi sangre,
un amor que me permitió crear todo un hogar pleno,
un amor que nos dejó ilusionar nuestros corazones,
y ante ese amor no había sentido el tiempo pasar,
pero hoy ante la crueldad de la vida, ese amor me delata,
pero es que hoy ante lo que enfrento, el llanto me ahoga,
porque ese amor que me hizo vivir en un sueño,
hoy la realidad de no saber el futuro, la tristeza me invade,
¿Cómo levantar la llama de ese amor que me cegó ante esta realidad?
¿Cómo levantar nuevamente esa llama si no sé cuál será mi futuro?
Ojalá tu amor vuelva a cegarme y me deje ver más años a tu lado,
volver a tu amor que llene mi corazón de alegría como la he tenido a tu lado,
que no sean las sombras del temor de un futuro incierto el que nos haga llorar.

Navidad 1968   12-23-12

En esta angustia por tí amada mía,
no encuentro paz en mi soledad,
te perdí en el infinito de la vida,
¿Cómo regresar al encanto de verte?
si solo estás en mis pensamientos,
los días y las horas son tan largas sin tí,
¿Dónde podré volver a encontrarte?
¿Será solo regresando al pasado?
Porque en este presente sin tu amor es un infierno,
en cada amanecer renace la esperanza de encontrarte,
pero en cada anochecer se desvanecen,
la vida contigo fue excitante, creadora, amorosa,
la vida hoy sin tí es árida y estéril,
la vida sin tí hoy no tiene valor ni encantos,
quisiera pensar que mis pensamientos vuelan a tí,
sé que en algún lugar estarás,
sé que de alguna forma piensas en mi,
pero quisiera saber si tu vivir es pleno,
si tu vivir tiene todo lo que anhelabas,
porque si no, recuérdame,
porque yo no puedo ir a ningún lugar sin tu recuerdo,
recuerda yo te amo y te amaré hasta el fin,
siempre recordaré tus lágrimas cuando partiste de mi lado,
vuelve, vuelve pequeña mía.

La vida y sus caricias 12-24-12

Las caricias de la vida
a veces pueden ser de alegría y placer,
pero otras pueden ser de dolor y sufrimiento,
pero ¿Cómo percibirlas?
Si la vida está plagada de engaños o de ignorancia,
la maldad a veces prevalece en nuestros semejantes,
o la ignorancia nos lleva a peligrosas enfermedades,
o también nos lleva a falsos amores o a caminos equivocados,
pero cuando tienes un verdadero amor,
las caricias de la vida son una maravilla y a la vez eternas,
con ellas la vida se convierte en un paraíso,
con ellas los colores de las flores engrandecen tu vida,
con ellas ni las espinas de los rosales te hieren,
con ellas todo se vuelve armonioso y dulce,
la vida te retoña todo lo que tocas con tus manos,
las voces del amor solo son las que escuchas,
las melodías ninguna suena triste o estridente todas adornan tu vida,
las caricias del amor emergen en tu vida toda clase de fantasías del amor,
con las caricias de la vida se vive no se vegeta,
porque ni las plantas se resignan a vivir sin reproducirse y adornar el mundo.

Detén el tiempo   01-12-13

Detén el tiempo para tu futuro,
detén el tiempo para aprender,
detén el tiempo para estudiar,
detén el tiempo para conocer el bien y el mal,
detén el tiempo para aprender a tener paciencia,
detén el tiempo para que valores cada momento valioso o malo de tu vida,
detén el tiempo para analizarte a tí mismo,
detén el tiempo para conocer tu salud,
detén el tiempo para conocer los vicios y los daños que te pueden producir,
detén el tiempo para amar y conocer lo maravilloso que es,
detén el tiempo para amar a tus semejantes,
detén el tiempo para educar y compartir la vida con los tuyos,
detén el tiempo para amar sinceramente,
detén el tiempo para analizar lo que reclamas,
detén el tiempo que el mundo sigue su curso y tú debes valorar cada instante de él,
detén el tiempo para disfrutar de todo lo que la vida te da,
detén el tiempo para crecer con valores y madurez,
detén el tiempo para que conozcas el sufrimiento,
porque si no detienes el tiempo la muerte llegara a tí sin darte cuenta.

Falso amor

01-04-13

Pensé cuando te conocí,
nuestro amor va a ser eterno,
pero no,
toda la ilusión y el encanto lo volviste en tristeza, frialdad e interés,
destruiste todo lo que mi vida había soñado de un gran amor,
todas aquellas fantasías de amor se tornaron en pesadillas,
tu frialdad no tuvo limites,
tu desamor era remarcado en odio,
mi vida la convertiste en un calvario,
¿Qué te hice yo? Para que me odiaras tanto,
Yo me entregué a tí con todo mi amor,
Y tú me trataste con el mayor de los desprecios,
pero siempre negando tu desamor,
hoy que cansado de tu desamor te pregunto,
¿No te has cansado de fingir lo que no eres?
los años han caído sobre nosotros y tú igual,
ni amor ni odio dices sentir,
¿Cómo entenderte?
¿Cómo seguir amándote cuando el cansancio ha caído en mí?
No te das cuenta que es inútil tu resistencia al bien vivir,
principalmente cuando debe ser con amor.

Esquivar   01-02-13

Esquivar los peligros que la vida tiene es el mayor reto en la vida,
esquivar el hambre, el frío, las enfermedades, la miseria, etc.,
esquivar todos los sufrimientos se vuelve tu obsesión,
pero esquivar el amor es la mayor tontería,
¿Esquivar el amor sincero que te ofrecen?
¿Cómo poder ser tan estúpido?
Quizás esquivamos esos amores por cobardía, desconocimiento de la persona,
pero cuando por fin entendemos el amor,
es cuando parece esquivarnos a nosotros la vida,
porque algunas veces la vida se torna miserable, difícil o triste,
y es cuando entonces tú no lo disfrutas,
ya que es cuando esquivas entonces el amor,
pero cuando tienes el amor verdadero,
entonces tú esquivas a la vida atormentada
tu vida se torna en sueños de amor que se hacen realidad,
y entonces sí, esquivar el sufrimiento es tu mayor deseo,
y es cuando adornas toda tu vida al amor, a la alegría de vivir con amor,
y en todos los medios esquivas las desgracias de la vida,
todo se vuelve para tí en futuro con satisfacciones,
esquivar siempre los pesares de la vida es el mayor logro en la vida,
sin importar lo que la vida nos depare con tristezas o alegrías,
porque aprendimos a esquivar lo malo y quedarnos con lo bueno.

12 de Enero de 2012 01-12-12

Con tu presencia el cielo se ilumina,
las flores y las aves con su aroma y su cantar te engrandecen,
pensar en tí es pensar en la vida maravillosa que me diste,
el sufrimiento de la vida se disipa con tus enseñanzas,
mi corazón se emociona al sonido de tu voz, porque me enseñaste a vivir con amor,
las rosas fueron siempre las que embellecieron tu vivir,
por eso sé que en cada una está el esplendor de tu amor y la belleza de tu rostro;
los odios y los rencores así como la sed de venganza,
con tus enseñanzas nunca cupieron en mí,
fuiste y eres un ser que siempre prodigó amor,
de tu mano caminé para aprender a amar,
ni las enfermedades, ni la muerte te doblegaban,
por eso a mí me lo inculcaste,
por eso mi pasión por luchar con valor en el vivir,
tiernos fueron siempre los momentos vividos a tu lado,
por eso mi vivir es dar amor y no odios a los míos,
¿Cómo no recordar cada día vivido a tu lado?
Si cada uno estuvo plagado de grandes ejemplos,
hoy que la vida ha pasado, tus recuerdos son siempre mis guías para todo,
sé que la distancia y el tiempo nos han separado pero no a nuestras almas,
porque ellas están unidas desde el momento que me concebiste,
ya que fuiste la madre más inspiradora con tu amor y tus enseñanzas.

¿Civilización moderna?   01-14-13

Civilización moderna,
Cuál será la verdadera razón para ver que se vive en la era de las cavernas,
¿Tanta mentira sobre la ideología de los países?
¿Tanta falsedad de los gobiernos que dicen luchar por la democracia?
¿Tanta falsedad ante tanto fanatismo en las religiones?
¿Tanta mentira sobre las economías?
¿Tanta falsedad en la impartición de justicia?
¿Tanta criminalidad?
¿Tanto sadismo y crueldad en los crímenes que se cometen?
¿Tantas guerras inútiles que solo las hacen por dinero y poder?
¿Tanta perdición de la humanidad en drogas y alcoholismo?
¿Tanta perversión en el sexo?
¿Tanta ignorancia y falta de respeto entre los seres humanos?
¿Tanta ambición que no se miden en destruir familias completas?
¿Tanto odio entre hermanos?
¿Tanto racismo y discriminación?
¿Tanto engaño y corrupción?
¿Tanto egoísmo por la riquezas de otros?
¿Tantos países separándose unos de otros?
¿Tantas fronteras? Cuando el mundo no las tenía,
¿Tanta miseria y hambre en la gente?
¿Tanto egoísmo para ayudarse entre semejantes?
Y tantos problemas que la humanidad vive a diario,
Por eso pienso que la civilización no se ha modernizado.

Corazón ilusionado   01-14-12

Hoy cuando te conocí fue como lo más hermoso que pude tener en la vida,
las ilusiones brotaron en mi corazón inesperadamente por tí,
muy lejos quedó mi tristeza con tu esplendor,
le diste a mi corazón la esperanza de una vida maravillosa,
y aunque el mundo me lo reproche, yo te tengo en mi corazón,
tú ahora gobiernas ya mis sueños de amor,
oro ahora porque nunca deje de pensar en tí,
nada invade mi alma como lo hace tu imagen,
ya zarparon de mis pensamientos los días tristes,
porque aunado a tu belleza todo se iluminó para mí,
hoy están latentes tus emociones en mi corazón,
estoy encontrándome ahora con tu amor como en un paraíso
ya zozobraron de mí los dolores de la soledad,
hoy llega rápido como el viento tu voz,
solo te pido ámame como yo a tí,
vé que mi alma esta plena de amor para tí,
imaginarme en tu corazón es ya una realidad en tu amor,
porque veo realidades lo que son tus pensamientos para mi,
esperé tanto tiempo por un amor como el tuyo,
zafiros, rubíes, diamantes son así tus palabras maravillosas cuando hablas de amor,
ya hoy nuestro amor es pleno y eterno será.

Luna de hiel   01-23-12

Cuando parecía realizarse y que comenzaría mi sueño de amor,
Tú, con tu desprecio y tu asco lo arruinaste para siempre,
las palabras de amor se extinguieron de mi pensamiento,
el dolor de tu indiferencia empezó a lacerar mi alma,
noches enteras buscando una respuesta, pero ni el cielo me la daba,
tu engaño de amor se fue incrustando poco a poco en mi alma,
busqué toda clase de respuestas sin éxito,
todo parecía que yo era el culpable de tu desamor,
noche a noche abriendo toda clase de fantasías de amor y tú las destruías,
quién pudo haberte dañado tanto para odiarme así,
ni los castillos más hermosos lograron despertar en ti el amor,
ni las palabras más intensas abrieron tu corazón,
los años los dejaste pasar arruinando nuestras vidas,
cada poema de amor era destruido por tu frialdad,
cada flor que te ofrecía la destruías con tu desamor,
cada fiesta para festejar nuestra unión la arruinabas con tu indiferencia,
poco a poco fuiste arruinando toda esperanza de felicidad,
poco a poco mi amor se fue convirtiendo en rabia ante tus desprecios,
ninguna melodía despertaba en tí el amor,
todo parecía que vivías en tu pasado pero nunca en mi presente,
hoy solo el hastío, la indiferencia, la rutina, acompañan mi vida,
ya solo la costumbre de lo innecesario por luchar, me domina,
ya a estas alturas solo la muerte me dará el alivio que mi alma pide.

Perderte

¿Cómo he podido perderte?
Perder la ternura de tu mirada,
perder tus sonrisas de amor,
perder tus palabras que me hacían amarte tanto,
¿Cómo pude perderme de un Angel como tú?
Hoy el llanto de mi alma es inconsolable,
sí, porque sé que perderte fue el más grande error,
mi vida tú la llenaste de tantos valores,
inspiraste los mayores proyectos de mi vida,
hoy solo puedo sentir la aridez de mis acciones,
nada tiene valor,
nada tiene la importancia como la que a tu lado tuve,
hoy solo ruego a Dios porque me ponga en tu camino,
que si te llego a encontrar serás el tesoro más grande de mi vida,
mi vida podrá alcanzar toda clase de metas,
por eso ruego a cada instante de cada día para encontrarte,
quiero volver a ver con tus ojos,
quiero volver hablar con tus palabras,
quiero bailar todas las melodías de amor contigo,
debo encontrarte y cuando lo haga,
debo luchar cada día por no volver a perderte,
debo aprender a no perderte jamás ni en mis sueños.

¿Inocente?

Será posible ser perdonado en esta vida,
cuando desde niño solo se ha delinquido,
cuando se ha vivido una vida de maldad y soberbia,
cuando se ha tratado a los semejantes con prepotencia y maldad,
cuando todo lo que se ha hecho es a base de maldad,
cuando se ha vivido en la miseria y escudándose en ella se delinque,
cuando ni a sus propios padres se ha respetado,
cuando solo se piensa en matar, robar, estafar,
cuando no se tienen sentimientos por los demás,
cuando se odia hasta el aire que respira,
cuando hasta los animales se les destruye o se les maltrata,
cuando no quieren ser responsables,
cuantas y cuantas cosas injustas se cometen en la vida,
y se busca ¿Perdón?
¿Cómo se puede confiar en un ser que toda su vida ha estado lleno de maldad?
¿Cómo otorgar perdón a quien ni a sus padres amó?
¿Sera posible perdonar y confiar en un ser así?
¿Qué le puede esperar a los que le rodean?

Emoción en las venas

02-22-12

Volver a sentir la emoción del amor en mis venas es vivir,
volver a sentir la emoción de amar es infinita,
quien podría despreciar los sentimientos de quien siempre se ha amado,
¿Cómo no enterrar la tristeza y el hastío al encontrarte nuevamente?
Siempre fuiste mi mayor ilusión de amor,
retornar a mí ha sido maravilloso e inolvidable,
ver nuevamente la dulzura de tus maravillosos ojos,
oír tu voz con tu ternura nuevamente,
solo espero nunca más te alejes de mi,
siempre fuiste el amor de mis ilusiones,
en tí siempre vi la virtud del amor,
en tí siempre vi la pasión de tu ser encantadora,
mirarme ahora en tus ojos nuevamente es maravilloso,
tus palabras llenas de amor me emocionan y me llegan a lo más profundo,
en mi alma siempre dominaste tú mi vida,
pensar en tí constantemente me cegó al mundo solo tú en mi mente existías,
por eso hoy que vienes a mí con todo tu amor a enamorarme comienzo a vivir
de nuevo,
porque un amor tierno como el tuyo donde la entrega es amor, nada lo compara,
hoy sé que viviremos eternamente porque solo dos seres que se aman lo duran,
tu rostro al decirme que me amas ilumina mi vida eternamente,
solo puedo decir te amaré con toda mi alma eternamente.

Yo el pueblo   01-12-13

Haz sonar los acordes grandiosos de tus melodías,
haz estremecer nuestros corazones con tus palabras,
haznos sentir que somos parte de ese sueño de Nación que tanto deseamos,
haznos sentir que nuestras diferencias no existen,
haznos sentir que el hambre y la pobreza se están combatiendo,
pero no nos engañes con mentiras,
haznos sentir que hablas con la verdad,
porque esta Nación ha sido cuna de grandes esperanzas,
acaba por fin con tanta corrupción y malos manejos,
cambia la imagen de nuestra Nación, de ignorantes a seres inteligentes y
educados,
deja de sostener los viejos corruptos sistemas de nuestra Nación,
transfórmala en lo que tantos próceres han luchado por ver,
realiza la tarea que todos esperamos al haberte elegido,
recuerda todas las guerras por las que esta Nación ha sufrido,
devuélvele las riquezas que ella misma puede producir,
deja de mantener gente destructora y mantenida,
que en tu gobierno haya solo gente honesta y trabajadora,
deja de creernos unos ilusos y soñadores,
deja de provocar que nuestra Nación siga en la miseria y el hambre,
deja de seguir alentado a la gente egoísta que solo quiere enriquecerse,
deja de seguir sosteniendo sistemas obsoletos e injustos,
ayuda a que se imparta verdadera justicia para todos,

pero sin dejar de ser enérgicos con la delincuencia ni permitir su protección ilegal,
en esta Nación han dado su vida muchos hombres soñadores,
hombres que lucharon por engrandecer esta Nación como se lo merecía,
yo no puedo como pueblo seguir sacrificando vidas inútilmente,
yo como pueblo no puedo seguir viendo como los traidores se adueñan de nuestros Gobiernos,
yo el pueblo quiero seguir luchando en valles y montañas, mares y lagos,
pero luchando por engrandecerlos y No por destruirlos,
yo el pueblo quiero seguir labrando las tierras para acabar con el hambre,
yo el pueblo quiero trabajar en crear más y más industrias y comercios para crecer como Nación,
yo el pueblo no quiero más crímenes y delincuentes,
yo el pueblo te pido acabes con ellos,
yo el pueblo te exijo acabes con el analfabetismo y la ignorancia,
yo el pueblo te pido universidades más económicas para educar a los jóvenes,
jóvenes que se vuelvan los forjadores profesionales que esta Nación necesita,
yo el pueblo canto mi canción de la esperanza, escúchala y grábatela.

Entrega

Te entregué mi alma vibrando de amor,
El amor que me hiciste sentir en el corazón me entregó a tí,
Te juro que desde ese momento mis latidos del corazón fueron para tí,
La vida comenzó ese día que te conocí con tu amor para mi,
La vida con tu amor, encerró mi alma para amarte eternamente,
Tu belleza sin igual se grabó en mi mente y mi corazón,
Tu candidez e inocencia conquistaron mis sentimientos,
Hoy puedes hacer de mí lo que tú desées,
Mi alma, mis pensamientos, mis ideas, todo, todo será por tí,
Hoy siento que he de comer de tus manos,
Que deseo fervientemente sentir el calor de tu amor,
cómo no he de entregarte mi alma si sé que a la eternidad me llevarás.

Naciones progresistas   03-01-13

¿Cómo aceptar que emerjan Naciones en el progreso y la tecnología?

Cuando en la de uno emerge la maldad y la pobreza,

¿Cómo aceptar que nuestra gente no tiene valores?

Cuando tenemos tantos delincuentes se explica porqué no tenemos valores,

cuando hay Naciones con grandes valores y ejemplos de vida,

cuando hay tantos buenos ejemplos de gente maravillosa en la Historia del Mundo,

cuando escuchas melodías que enaltecen la bondad y el amor de otros países,

cuando en la de uno solo escuchas melodías llenas de maldad,

cuando ves animales que dan tanta ternura por todo el mundo,

pero en tu país los seres que lo habitan parecen bestias destructoras,

matan sin razón y con una saña que ni los animales tienen,

destruyen todo lo que pueden sin razón aparente,

pero es su propia maldad destructora el porqué lo hacen,

su egoísmo, envidia, ignorancia, dizque la pobreza los hace así,

pero como creer cuando ves otros países que solo se dedican a trabajar,

países donde ni siquiera tienen ejercito, solo policías,

cuando en nuestra nación necesitamos de grandes fuerzas para controlar la maldad,

cuando por su misma maldad aun de esas mismas fuerzas emergen delincuentes más crueles,

cuando podrán verse a sí mismo que son seres que se supone son racionales,

cuando se supone que deberían ser seres inteligentes y bondadosos,

¿Cómo entonces aceptar que en el mundo quedemos como bestias?

¿Cómo entonces aceptar ante el mundo que estamos llenos de gente corrupta?

¿Que la única forma de ser una gran Nación es a base de matanzas?

¿Qué no podremos entender que podemos ser una gran Nación con trabajo y educación?

Pero a pesar de saberlo, nuestra Nación es demasiada soberbia para aceptar sus culpas,

ojalá que en el tiempo nuevas generaciones cambien lo que hoy está tan podrido.

Música del Pasado   03-02-13

Escuchar los acordes de los sonidos de una melodía del pasado,
trae a mí la inexistencia de tantos seres amados que ya no están,
retornan a mi mente sus voces,
parece resaltar en la música sus voces,
voces que llegaron al corazón por inspiradoras, cariñosas, alentadoras,
voces llenas de consejos para el alma y el corazón,
voces que hoy solo viven en la memoria,
pero que en las melodías escucho con toda claridad,
y que también se reviven sus imágenes,
porque en mi pasado como en el de todos hubo seres que me dieron amor,
seres que inspiraron con sus consejos y sus ejemplos de vida,
como no pensar en ellos si de sus manos empecé a caminar,
de sus manos aprendí a vivir con fortaleza y energía así como con amor,
seres que supieron darme la alegría de vivir con sus cuidados y mensajes,
la alegría y las lágrimas se confunden con sus recuerdos,
hoy sus enseñanzas me sirvieron para dejar en mi existencia bellos recuerdos,
como ellos me los dejaron a mí,
porque existo y sé que es mi deber inspirar, aconsejar, amar, pero nunca odiar,
labrar mi destino y el de los que amo por el camino que ellos me guiaron,
caminos inspirados por Dios para amar y servir a los demás,
seguiré escuchando toda la vida melodías del pasado para recordar sus voces,
porque es el alimento de mi existencia

Servir a tu Nación

03-10-13

¿Cómo calificar tu vida?
cuando has tenido la oportunidad de servir a tu Nación,
cuando dedicas tu vida al servicio de la gente como Doctor,
cuando defiendes la justicia con honradez a la gente que le sirves,
cuando ofreces tu vida para defender a tu Nación,
cuando logras obtener las mejores calificaciones para ser un buen profesionista,
por eso te cimbras de emoción cuando eres reconocido,
cuando por la calle puedes lucir las medallas que ameritan tu trayectoria,
cuando eres premiado por tu profesión al servicio de la gente y tu Nación,
por eso se envidia a esas personas,
pero a la vez te enorgulleces cuando son los tuyos los que lo son,
¿Pero quién puede enorgullecerse de un delincuente?
De un ser que mata sin compasión,
de un ser que dedica su vida a extorsionar, defraudar, robar o matar,
¿Quién podrá enorgullecerse de alguien así?
¿Cómo podrá sentir orgullo al acabar en una cárcel de por vida?
O de acabar en una tumba olvidada por todos.

Caminar   03-10-13

Por esos caminos llenos de incertidumbre caminé,
siempre buscando la paz y el amor para mi corazón,
buscando esa paz a mi ansiedad que la soledad me producía,
hoy que te he conocido te abro mi corazón,
hoy te entrego mis esperanzas de amor profundamente,
hoy si sé que en tus manos deposito mi vida,
hoy si sé que Dios te puso en mi camino por algo,
y ese algo significa luchar por tu amor y tu felicidad,
no es posible amar cuando se llena la vida de problemas,
y tú me has demostrado tanta pureza e inteligencia que a tu lado solo amor hay,
que un ser tan maravilloso no esconde maldad,
que un ser con tantas virtudes las muestra en su rostro,
que un ser como tú tiene un corazón lleno de hermosos sentimientos,
la vida a tu lado sé que estará llena de sacrificios pero también de triunfos,
porque en tí se ve la grandeza de tu espíritu,
¿Cómo dudar? si en tu rostro demuestras tanta ternura,
Tu voz tiene el encanto para hipnotizarme en tu alegría,
yo veo en ti una eterna aventura de amor y comprensión,
eres para mí un ejemplo de vida como ninguna,
no puedo desperdiciar ningún momento en nuestras vidas juntos,
hoy sé que cada instante a tu lado será un paraíso de amor.

Marielena 03-07-13

Hoy me anunciaron la partida de un Angel,
un Angel que solo vino a dar amor y vida,
un Angel que supo enseñarnos a luchar en la vida,
un Angel que supo sembrar en la mente y el corazón dulzura y amor,
un Angel que nunca midió su esfuerzo por lograr la felicidad de nosotros,
un Angel que supo brindarnos calor y ternura,
un Angel que supo escuchar nuestros sufrimientos para darnos consuelo,
un Angel que supo compartir la gracia de vivir para dar vida con amor,
un Angel que siempre estuvo en nuestras cabeceras para cuidar nuestros sueños,
un Angel que siempre nos demostró fortaleza y energía para cumplir su misión,
un Angel que no escatimó ni un pedazo de sí misma para protegernos
un Angel que supo cantarnos para endulzar nuestras vidas,
un Angel que supo extender sus brazos y su voz para demostrarnos su grandeza,
por eso hoy lloro porque de momento no la veremos más,
pero sí la sentiremos en nuestras almas y nuestros corazones,
porque ese Angel con su alma supo sembrar amor por todos lados,
hoy te lloro y te rezo porque sé que como el Angel que eres siempre me recordaste,
hoy me confirmas la Gloria de Dios al venir a despedirte de mí,
Gracias, gracias infinitas por todo el amor que me diste.

Los caminos de Dios   03-18-13

Corre, corre por los caminos de Dios,
corre que en ellos encontraras misericordia y amor,
alcanza la vida plena por esos caminos,
en ellos encontrarás las formas del bien vivir,
ve, alcanza las gracias que Dios te ofrece en sus caminos,
recorriendo sus caminos encontrarás mucho amor y comprensión,
pero no saques tus odios y rencores tíralos antes de recorrer sus caminos,
el amor que se te ofrece es inigualable,
en ellos hay sabiduría,
en ellos hay toda clase de experiencias inimaginables,
en ellos encontrarás tantas maravillas como el universo mismo,
camina por ellos y te llenarás de compasión y caridad,
en ellos aprenderás a amar a tus semejantes como Dios lo deseó siempre,
en ellos nunca encontrarás odios ni rencores,
la soberbia verás que ni la conocen, menos la envidia o la codicia,
camina por ellos no te santificarás, pero si te acercará más a Dios,
al caminar por ellos, la paz sentirás y grandes melodías escucharás solamente,
como no he de recomendártelo si yo he sido tan feliz en ellos,
por sus caminos he amado y he sentido el valor de vivir,
en ellos Dios me ha hecho sentir la grandiosidad de vivir la vida en este mundo,
en ellos he entendido todo lo que Dios ha construido para que podamos vivir,
no desperdicies tu vida, camina, camina despacio por sus caminos y veredas,
yo no puedo dejar de disfrutar la vida que Dios me dio en sus caminos,
por ellos ha habido tantas cosas, que difícil es describirlas por lo maravillosas que son,
ve, camina conmigo que en el final nos espera Dios.

Cambiaste mi vida

03-20-13

En la gloria del amor que me has profesado,
nunca pensé llegar a encontrar un gran amor como el tuyo,
la gloria de amarte no ha tenido fin en mi vida,
la gloria de compartir mi vida a tu lado ha sido tan fructífera como maravillosa,
la gloria de verme encantado por tu amor me dió la grandeza de vivir,
como no voy a recordar la tristeza y la soledad en que vivía sin conocerte,
como no recordar el vacío que había en mi vida sin tí,
como no pensar en la alegría del producto que tu amor me dio,
mi vida tuvo todas las metas a cumplir,
mi vida con tu amor se llenó de emocionantes aventuras,
mi vida que ensombrecida por la soledad y la desorientación estaba,
tú la llenaste con tu amor y tu esplendor de vivir,
hoy puedo repasar cada día a tu lado con alegría,
hoy puedo decir que mi vida se llenó de todo contigo,
hoy puedo decir que mi vida se enmarcó en tu destino,
hoy puedo decirlo y gritarlo mi destino eras tú,
porque tú veniste a llenar mi corazón de esperanzas,
a llenar mi vida de amor,
a llenar mi vida de logros,
a llenar mi vida con Dios,
hoy solo tengo una esperanza,
que Dios me permita morir en tus brazos,
amor como el tuyo tuvo la luz del cielo,
solo tú, solo tu cambió mi vida.

Vivir amando   03-22-13

Al mirar al fondo de mi corazón, el pasado renace en mí,
el ver que hubo tanto amor para mí, eso ahora enaltece mis recuerdos,
el caminar por las calles del mundo amando, llenó mi vida de ilusiones,
y hoy al mirar al fondo de mi corazón, veo que el tiempo pasó sin detenerse,
pero nunca cansó mi alma,
hoy veo con alegría que cada día se grabó en mi corazón con amor,
pero fue necesario aislarme e ignorar un mundo de maldad y tragedias,
no por cobardía, sino por desear gozar al máximo la oportunidad de vivir,
porque desear oír, ver o tratar de cambiar al mundo comprendí que imposible es,
gozar de la belleza de las flores ignorando las tragedias,
contemplar atardeceres en el mar o en las calles me llenó de fantasías la mente,
aislarme y aislar a mis amores del mundo de maldad fue una de mis metas,
¿Por qué desperdiciar la vida entre el mundo de maldades? si la muerte nos espera,
la vida debe ser como los rosales, hacerles brotar su esplendor en rosas,
pero eso sí llenarse de espinas que eviten que el mal nos hiera,
un mundo tan fascinante y hermoso que Dios nos dio no puede desperdiciarse,
el vivir debe ser como las aves volando de paraíso en paraíso sin dañarse,
el vivir debe estar lleno de grandes experiencias y conocimientos,
porque al vivir en este mundo debemos aprender tanto que llene el corazón de
amor,
amor por la naturaleza, por los animales, por la humanidad y tantas cosas que
nos llenen de sabiduría,
porque quizás cuando veamos en el fondo de nuestros corazones que llevamos
mucho amor,
Dios posiblemente nos hará un espacio en su maravillosa gloria y nos de la vida
plena,
una vida plena sin soledad ni vacíos ni sombras, ni dolor,
una vida plena donde podamos mostrar nuestro amor a la vida para enseñar a
vivir eternamente,
por eso hoy no hay vacíos en mis recuerdos,
hoy me siento lleno de amor y alegría de haber vivido con amor.

Fuiste Tú   03-28-13

Debiste ser tú quien tocara mi alma,
fuiste tú la que despertó en mí el amor,
fuiste tú la que endureció mi vida para amarte,
fuiste tú por quien la inmadurez se acabó en mí,
fuiste tú quien creó en mí tanto porqué construir,
fuiste tú la que inspiró mi ser para engrandecerme para amarte,
fuiste tú la que llenó de pasión y amor con tus palabras mi vida,
tú la que supo inspirar en mí el luchar por nuestras vidas pero unidas en amor,
tú con tu mirada supiste guiar mi vida en contra de las adversidades,
tú con tus palabras también despertaste en mí la fortaleza de espíritu,
por eso hoy he comprendido que nuestros sueños se hicieron realidad gracias a tí,
por tí tenemos el encanto de haber vivido plenamente,
hoy digo que mis memorias están llenas de tí,
de tí que supo adornar nuestras vidas con tu encanto,
hoy revivo cada instante a tu lado y me lleno de amor y lágrimas,
lágrimas sí, porque también hubo dolor y sacrificios en nuestras vidas,
vidas en las que tú supiste mitigar el dolor y los sufrimientos con tu confort,
50 o más los años que a tu lado viviré,
pero serán los mejores años de mi vida.

Ansiedad de amar   03-29-71

Por esos caminos inciertos llenos de incertidumbre caminé,
siempre buscando la paz para mi corazón,
buscaba la paz que mi ansiedad me producía la soledad,
hoy que te he conocido te abro mi corazón,
hoy te entrego mis esperanzas de amar,
hoy sé que en tus manos deposito mi vida y mis sueños
pero hoy no dejo de sentir la incertidumbre de tu amor,
¿Será confiable tu amor hacia mí?
La vida me golpeó demasiado para confiar ciegamente,
donde quiera que me acerqué a buscar amor, me defraudaron,
siempre soñé con alguien que entregara su vida a mí,
con alguien con quien compartir las ansiedades de la vida,
tales como trabajo, dinero, negocios, familia, tantas con las que crecemos,
sacrificios que la vida nos da para sobresalir en el mundo que se vive,
¿Podrás soportar todos los infortunios de la vida a las que me enfrentaré?
Porque para lograr la paz que espero para mi vida habrá que luchar mucho,
la vida no estará solo llena de amor, también habrá sufrimientos,
tendré que caminar por senderos muy difíciles para lograr nuestra paz,
enfrentaré adversidades para lograr nuestra estabilidad económica y social,
habrá tantas noches de llorar pero también de amor,
tengo en mis sueños el darte una vida real pero llena de amor,
amor real que se confundirá con lo que no lo es,
pero aquí en mi corazón solo tú tendrás cabida en él,
¿Podrás enfrentar este reto de amor y sueños así como de sacrificios?
Si es así toma mi corazón y compartamos nuestras vidas y nuestros destinos.

La amistad
03-29-13

Un sentimiento que no siempre es compartido por los que te rodean,
El tratar de caer bien a todos conlleva a la hipocresía y el convencionalismo,
¿Cuánto vales?
Cuanto te aprecio,
pero en la amistad debe existir sinceridad, lealtad, desinterés,
sin rivalidades ni envidias,
pero también no se debe ser indiferente a las incapacidades o deficiencias,
deficiencias tanto físicas como económicas,
la nobleza no debe ser confundida con cobardía o estupidez,
principalmente cuando se quiere compartir una amistad,
la amistad se debe brindar con verdades,
porque si no, se vuelve enemistad, odio, rencor y sed de venganza,
la amistad debe ser algo sincera, abierta,
y también dispuesta a compartir las buenas y las malas
darle la mano a los amigos cuando te necesitan,
pero debe ser sin dañarte a tí ni a los tuyos,
porque cuando analizamos los sentimientos de una amistad,
es cuando preguntamos,
¿Tengo amigos?

¿Negociar con la muerte?   03-31-13

¿Cómo negociar con la muerte?
Cuando se ha tenido una vida plena de sueños realizados,
cuando has podido encontrar tanto amor y apoyo en la vida,
cuando has tenido la vida llena de salud trabajo y amor,
cuando la vida te ha demostrado cuán hermosa es vivirla,
cuando has recorrido los caminos de Dios viendo todas sus maravillas,
cuando has podido entender el porqué existes tú y cada planta o animal en el
mundo,
cuando has podido interpretar cada melodía hermosa,
cuando has visto tantas incógnitas que Dios creó en el mundo para que las
descifremos,
cuando ves como te has podido reproducir en seres maravillosos de tu sangre,
cuando has podido lograr tantos triunfos y fracasos en la vida,
pero que todos fueron un campo de experiencias maravillosas,
cuando has podido interpretar cada etapa de la vida,
cuando te has llenado de tanto amor y a veces de riquezas,
cuando ves a las aves volar por esos cielos azules con su canto,
cuando sabes que la vida te puede dar tanto,
pero que ya tu cuerpo se está deteriorando y te lo hace ver con dolores,
cuando te empiezas a llenar de enfermedades de las que difícil te alivias,
cuando sientes dolores tan intensos que no sabes cómo aminorarlos,
cuando ves que tus recursos ya no los tienes y tus enfermedades se los han acabado,
por eso encontrar el modo de negociar con la muerte se vuelve tan difícil,
porque ves que la única forma de resolver tus males es la muerte,
pero que por más fuertes que sean los dolores te niegas a aceptar lo irremediable,
por eso cuando te ofrecen alargar tu vida artificialmente,
¿Valdrá la pena?

Tu canto   04-02-13

El cielo se pinta de colores con tus melodías,
todo lo embelesas con tus poemas al cantarlos,
poco a poco enamoras mi alma con tu canto,
perpetuando mí ser a tí con devoción y amor,
en tu canto hay lágrimas, risas, dolor, coraje,
en tu canto están tus sentimientos por los que me has enamorado,
cuando pienso en tí la música es el fondo para recordarte con amor,
por eso no puedo dejar de agradecerle a la vida el conocerte,
porque vivir esta maravilla que es la vida y engrandecerla con tu amor,
fue el paso más intenso que tuvo mi vida,
hoy no puedo dejar de gozar de ambas maravillas,
tu canto enamora no solo a mi corazón sino hasta las aves,
pues al oírte pareciera que ellas te acompañan con sus cantos,
el cielo siempre se torna en colores con tu rostro sin importar si está nublado,
por eso amarte nunca tendrá fin en mi vida,
tu eres la luz, el canto, el aire que le da vida a mi corazón,
no se puede vivir sin amor como el tuyo que tan sin igual es,
intenso como cada día que Dios nos da vida,
contigo hay inspiración para componer lo mejor de la vida,
ya que al mundo Dios nos mandó con la misión de engrandecer su obra,
y tú eres el complemento que mi vida necesitó para esa misión,
amarte será la más grande expresión que como ser me ha regalado Dios.

Mi vejez   04-07-13

Me siento perdido en la inmensidad de mi vejez,
ya nadie demuestra sentir por mí ningún interés,
la vida me ha empezado a demostrar que sin juventud nada vales,
por eso empiezo a percibir que la muerte está en el final de la vejez,
los espacios de alegrías y emociones se pierden entre las flores,
la bondad dejó de ser instrumento de la gente a mi alrededor en su interés,
su indiferencia y repudio son ahora sus expresiones,
sí, la vejez nos quita todo buen atributo, se nos acabó la paciencia como seres,
ya no hay en nosotros ánimos de vivir como en los tiempos de la niñez,
cuando tarde se nos hacía para todo, hoy nada nos urge ni los atardeceres,
ya que cada día para nosotros es tan solo un día más en nuestra vejez,
un día más que solo nos llena de angustias por los dolores que nos aquejan,
nada es ya como el ayer en que hasta las melodías nos acompañaban,
todo era romance, vida, inspiración, ilusiones, retos, que a vivir nos impulsaban,
hoy el cansancio de todos los fracasos y triunfos de lo vivido nos acaban,
ya en nada nos dejan trabajar, si no es por cuenta propia que es lo único que nos
dejan,
podemos utilizar nuestros conocimientos para escribir libros, canciones ¿con las
que nos alaban?
¿Cómo saberlo? si pronto desapareceremos, por lo que hacerlo es un consuelo
que nos dejan,
Por eso aun en mi vejez deseo tanto seguir viviendo aun con los dolores que me
aquejan,
porque en esta vida hay tanto que hacer y disfrutar que ni mil vidas nos alcanzan,
por eso aunque me sienta perdido en mi vejez sigo siendo yo el que vive con
tanto interés.

100 Días   04-01-13

Nuevamente te han conquistado con mentiras,
gente que solo busca el esplendor del poder,
gente que no le importa si tus suelos son sagrados por sus riquezas,
gente que jamás comprenderá el daño que te hacen con su falsedad,
gente que no ha comprendido que tus tierras deberían estar en buenas manos,
gente tan soberbia que solo les interesa tu destrucción como Nación,
gente que promete justicia y acabar con la delincuencia cuando ellos la protegen,
a quien podremos creer si los sistemas mundiales populistas o no, han fracasado,
a quien podremos confiar por un sistema que nos permita vivir sin temores ni miserias,
¿Acaso a gente que se enviste como los grandes ídolos populares sin serlo?
Puesto que lo único que han demostrado es su gran ambición de poder y dinero,
pero nunca verdaderamente por sus pueblos,
en quien confiar que tenga el verdadero perfil para gobernar una Nación,
si son gentes que solo han llegado por compadrazgos,
como confiar en gentes que solo prometen y son tan falsos antes de ser elegidos,
las mentiras de sus promesas siempre las disfrazan con absurdas palabras o verdades,
con verdades que ellos las hacen creer a su pueblo cuando en realidad son falsedades,
sobre que profesión, educación, conducta, tendrá el verdadero líder que te sepa guiar,
porque guiarte a tu grandeza como Nación debe ser un líder tan especial que no parece haberlo,
porque quien te ame en verdad como su Nación debe dedicarte su vida a tí por tí y solo por tí,
porque debe pensar en esos hombres que dedicaron su vida por engrandecerte y no lo lograron,
el mundo ya no permite guerras, solo luchas por la superación de la humanidad sin corrupción ni tantos males.

Ternura infinita   04-12-13

Tu ternura es tan infinita como la intensidad del universo,
aun tu mirada guarda lo angelical de tu alma,
quien podría ignorar tu belleza tan radiante como la luz del sol,
la nobleza de tu ser es tan especial como tu inocencia pero a la vez tan real,
porque si en tu mente no hay maldad sí hay una gran sabiduría,
en tu sensibilidad tus palabras de amor son como joyas de gran valor,
como no perderme en tu inmensidad si tu amor es infinito,
tu entrega fue tan significativa que eternamente quedó grabado en mi alma,
¿Cómo retribuir tan maravillosa sensación de amor que me diste?
Solo el cielo podrá guiarme en los caminos de la vida para darte mi amor,
porque no es posible amar cuando haces sufrir a quien amas,
porque no se puede entender amar cuando solo produces rencores en quien
amas,
porque retribuir con desprecios e indiferencia a quién te ha entregado su vida es
maldad,
la vida debe ser compartirlo todo para amarse eternamente, pero sin maldad,
porque al haber recibido una entrega de amor como la tuya conlleva sacrificio y
dolor,
porlo que hay que saber conocer como amar a quien está dispuesta al sacrificio y
al dolor,
por eso hay que sembrar el piso donde camines de alegrías y amor,
para que cuando sufras lo ignores por el amor que me has entregado,
por lo mismo deberé saber sacrificar todo por saber amarte con como lo mereces,
un amor que te llene de alegrías, placer, si no riquezas si lo mejor,
por eso debo valorar con mi misma vida esa prueba de amor que me diste en tu
entrega,
porque un amor como el tuyo difícilmente se encuentra en la vida.

Conocerte   04-14-13

Conocerte fue como conocer la más hermosa maravilla del mundo,
al mismo tiempo fue como escuchar la más grandiosa melodía,
todo tuvo tanto encanto que no puedo dejar de soñar en tí y estar contigo siempre,
fuiste la mayor historia de amor en mi vida,
día a día llenaste todas mis expectativas,
el olor de tu cuerpo me incitó siempre al amor,
me diste los momentos más intensos de tu amor,
nunca dejaste espacios vacíos sin llenarlos con tu amor,
paso a paso deleitaste mi alma y mi cuerpo con tu amor,
enamorado me tuviste siempre de tí,
tus ojos fueron como notas escritas siempre dando amor,
tus ojos, tus manos, tu cuerpo, fueron la esencia de tu hermosura,
fuiste única para mí a quien solo pude amar con todo mi ser,
ya que fuiste la única mujer para mí con el alma más angelical,
tú siempre luciste tan especial para mí que nunca saldrás de mi corazón,
nunca, nunca podré dejar de amarte,
decirnos cuánto nos amábamos te hizo siempre sonreír de amor,
nunca padecí de amarguras a tu lado ya que las borraste con tu alegría de siempre,
supiste agradecer con tus entregas de amor, mi dedicación a ti,
yo no puedo albergar otra cosa que no sea mi agradecimiento a tu amor,
Dios me puso en tu camino y es lo que más le agradezco a El.

Servir a Dios   04-16-13

Tiempos desperdiciados en la soledad y la aridez,
y el encontrar paz en el alma en medio de la soledad es como vivir muerto,
la vida debe ser la conjugación de la vida y la muerte pero con sonidos,
porque la naturaleza no está muerta vive en cada insecto planta o animal,
y ellos nos dan toda una sinfonía de vida y muerte,
por eso debo escuchar cada sinfonía musical o de los seres de Dios,
porque ellos acabarán por enseñarme mi tarea en esta vida,
llevar en mi alma todos los conocimientos que aprendí de la vida,
porque para mí después de esta vida nuestra labor no termina,
el llegar a un nuevo espacio con sabiduría nos elevará ante el creador,
aquí aun puedo forjar toda una melodía de amor y vida,
una melodía que enseñe que no viví inútilmente,
que aprendí valores, a amar, a sembrar la tierra, a tantas cosas de utilidad,
porque para mí la vida fue aprender y servir así como utilizar lo aprendido,
una poesía de amor le dedico a Dios por darme la oportunidad de vivir,
porque para mí fue maravilloso vivir,
la muerte para mí será solo un paso más en ruta a servir a Dios,
no puedo pensar en maldad porque eso no perdura,
no puedo pensar en odios o bajezas porque esas destruyen,
por eso el meditar en la soledad ayuda a valorar nuestra tarea en esta vida,
gracias a Dios por permitirme vivir y morir.

Miradas de mujer   04-21-13

Cuanta desilusión por vivir produjo en mí tus desprecios,
yo que enamorado de tu belleza quedé y no solo física, sino también espiritual,
hoy el alma se me quedó en el infinito del dolor,
hoy la tristeza invade sin compasión mi ser,
ante tu partida hoy pregunto,
¿Por qué no pude tocar tu corazón como tú lo hiciste en mí?
Todo parecía iluminado en mi vida al conocerte,
las flores adornaron siempre tu belleza,
las olas del mar cantaban a tu paso,
tú fuiste la mujer que me hizo estremecer de amor,
tú fuiste la mujer que con tan solo su mirar me enamoró,
tu forma tan especial me transformó en otro ser,
tú fuiste la mujer que más adoré y amé,
no entiendo aun que hice para destrozar tus sentimientos y tu sonrisa,
lucías siempre como la mujer que más había soñado,
tu forma de ser siempre estremeció mis sentimientos,
tus formas también incitaron siempre mi ser,
¿Qué habré hecho para herir tu amor hacia mí?
Y que hoy quisiera revivir nuestro amor pero no encuentro la forma,
desapareciste sí, pero rodeada de tanto misterio como si la muerte te hubiese
llevado,
porque por más que te busco ya nada encuentro de tí,
quisiera decir que ojalá pudiese ver la vida tan simple como tú la ves,
y así remover el dolor que tu partida me dejó,
para así si te encontrase pudiésemos revivir nuestro amor intensamente como lo
llegamos a vivir,
vuelve, vuelve grito al cielo sin escuchar respuestas.

Hambrientos   04-22-13

Hambriento me encuentro de compartir la vida,
compartir la emoción de escuchar grandes conciertos,
compartir la alegría de comer exquisitos platillos,
compartir la emoción de días hermosos rodeados de calor,
compartir la alegría que inspira la vida en mi,
¿Pero cómo compartirla?
Si el mundo está lleno de hambre y miseria,
y ni con toda la riqueza que pudiese tener me alcanzaría,
pero al ver tanto espacio lleno de tierras áridas,
solo alrededor de mi hay vida en pequeñas cantidades,
y eso me hace ver que solo veo grandes egoístas y ambiciosos,
porque al haber tanta corrupción no puede haber riquezas para todos,
no puede haber fábricas, tierras sembradas, casas para todos,
ya que la corrupción solo permite enriquecerse a quien detenta el poder,
por lo que veo un mundo lleno de falta de valores,
solo veo un mundo de gente que se mata solo por maldad,
¿Entonces como contagiar esa alegría de vivir con plenitud?,
cuando se puede construir tanta belleza,
cuando se puede construir un mundo de paz,
cuando se puede compartir las riquezas que el mundo nos da,
cuando con amor podemos compartir un mundo tecnológicamente moderno,
cuando en lugar de construir armas,
se construyan casas, tractores, todo clase de facilidades para vivir mejor,
como sembrar en la mente de los demás la igualdad, la justicia, el amor, la
caridad,
los buenos valores y tantas cosas que se necesitan para vivir plenamente

En otra vida   04-26-13

La emoción nos embarga a todos,
no hay miedo a la muerte,
marchamos al unísono con nuestro paso,
las arengas suenan en mis oídos,
no hay recuerdos en mi mente,
la niñez y la adolescencia han quedado atrás,
solo la férrea disciplina y la enseñanza militar hay en mí,
por eso hoy marchamos en este espectacular verano,
hoy mi piel se electriza de emoción,
pero con los meses y el invierno cayendo sobre nosotros en medio de las batallas,
la realidad cruel desgarra mis pensamientos,
los sonidos de las bandas musicales ya no alegran mi vida,
el cansancio se ha adueñado de mí,
las tragedias ante mis ojos rompen mi integridad,
las voces de mando ya no me entusiasman,
de momento todo se ha oscurecido,
las maravillas del renacer del invierno a la primavera se han esfumado,
ya no sé qué pasa en mí todo se ha nublado a mi alrededor,
parece que ha muerto mi cuerpo,
parece que mi alma está volando,
parece que otra vez volveré a empezar una nueva vida,
¡Oh, Dios!, permíteme que esta vez sepa aprender lo que Tú esperas de mí.

Debo vivir   04-28-13

Un hondo vacío inunda mi alma,
ya en mis venas no hay emoción,
el encanto de vivir se ha ido apagando en mí,
los dolores físicos se incrementan en mí,
el sentido de la paciencia se ha ido perdiendo en mí,
siento que el invierno de mi vida empieza en mí,
pero aun así la ansiedad por conocer más sigue brotando en mí,
los deseos del cuerpo no han desaparecido en mí,
la música, el leer, amar, viajar, el apasionarme sigue en mí,
aun sigo pensando que a la vida le debo tanto de mí,
aun debo seguir escribiendo, componiendo todo lo que sé de mí,
bailar, sí, seguir cada melodía de los recuerdos que hay en mí,
todavía no puedo dejar que la vida se acabe para mí,
tanto que hay que descifrar de los misterios de esta vida que hay para mí,
tanto que podré aprender aun de las ciencias que ayudaron en el vivir para mí,
entender todavía la maldad o la bondad que la vida dejó en mí,
recordar cada día de amor tan especial que hubo para mí,
tanto amor que cada momento que aproveché de la vida fue especial,
para cuando la muerte me tome sea sin sentirla en mí.

Soledad y tristeza

04-28-13

Hoy se ha llenado mi corazón de tristeza,
la soledad ha vuelto a mi corazón,
la soledad ha contribuido a traer tantos recuerdos que duelen,
el extrañar los gritos, lágrimas, risas de mis seres amados duele,
fue el luchar día a día por darles el sustento de vida para ellos pero ahora sin ellos duele,
las paredes ya no suenan ni las puertas se mueven y duele,
¿Cómo llenar esos vacíos que han dejado cada uno?
Sé muy bien que no todos comprenden lo que es la soledad,
sé que para todos la vida tiene un sentido de ser,
pero para mí la vida fue luchar y crear,
no el crear y esperar que lo creado se nos vaya de las manos,
para mí fue esperar, compartir la vida hasta el último aliento,
sí, compartirla con los seres amados día a día,
porque de esa manera se llena uno de amor y alegría así como de problemas,
porque sé que en la vida también se sufre y se goza,
por eso me niego a la soledad,
para mí la vida es maravillosa cuando es compartida,
porque en ella hay metas, dolor, felicidad, amor y tanto por que vivir,
¿Cómo poder aceptar que ya no se tienen metas, amor, dolor, y tanto en la vida?
¿Cómo aceptar la soledad?
Cuando se ha vivido sin sentir el tiempo pasar,
Sí, porque hubo tanta compañía que alegro la vida de uno,
¡no! imposible para mí, la soledad no cabe en mi vivir.

Mundo sin fronteras   04-30-13

Si la música no tiene fronteras,
así debería ser todo en el mundo
no es posible que los sistemas induzcan al asesinato de sus semejantes,
todos deberíamos compartir la vida y sus recursos,
al extenderse los países se crearían muchas fuentes de trabajo,
especialmente si el dinero es una sola moneda,
las tierras de cultivo deben ser para alimentar a todos,
los gobiernos deben de ver por sus áreas de población para controlarlas,
pero los gobiernos no deben establecer limitaciones a la gente para vivir,
solo debería limitarse la delincuencia y acabarla de raíz,
solo debería producirse todo lo necesario y compartirlo a buenos precios,
solo debería haber salarios únicos que permitan vivir con honestidad,
el paraíso no es el socialismo, ni el capitalismo es la razón común de vivir en paz,
el paraíso puede ser para todos si se acaban las envidias y egoísmos así como la ambición,
el mundo tiene poco tiempo de vida ¿Y la humanidad la desperdicia por ambición?
No es posible que habiendo alcanzado tanta tecnología todavía nos destruyamos los unos a los otros,
demos oportunidad a la razón y los buenos valores que sean los que nos controlen,
no dejemos que sigamos en manos de ambiciosos que nada se llevarán cuando se mueran,
rompamos las fronteras de nuestro egoísmo y seamos un solo paraíso mientras el mundo viva.

¿Viejo?

05-10-13

Un viejo soy ¡Sí!

Y tú joven y entusiasta,

Te pregunto,

¿Tu niñez fue instructiva y feliz?

¿Te prepararon con valores morales y cívicos?

¿Te educaron con buenos modales?

¿Te enseñaron ternura, amor, cariño?

¿Te enseñaron a respetar a tus semejantes?

¿Te inculcaron principios de superación?

¿Te dijeron que la vagancia, la delincuencia son malos amigos?

¿Te mostraron lo que los vicios pueden hacer en tu cuerpo y arruinar tu vida?

¿Te indicaron lo malo de las drogas?

¿Te preparaste profesionalmente?

¿Te cuidas tu salud?

¿Te dijeron que respetaras a tus mayores?

¿Te inculcaron el buen sentido por la buena música y las artes?

¿Te enseñaron las maravillas que el mundo tiene y la obligación que tenemos de conservarlas?

¿Te hicieron conocer desde niño las plantas y a los animales?

¿Te dieron la mejor fórmula para todo en esta vida?

¡CREER EN DIOS Y SU AMOR POR NOSOTROS!

Porque si no crees, es casi seguro que no existes,

Pero si todo lo anterior lo aprendiste,

Entonces serás y llegarás como yo,

Feliz y dichoso a la vejez

Liam nuestro nieto   05-04-13

Que maravilloso ha sido para mí conocerte,
ver tus ojos que expresan tanta inteligencia,
tu mirada escudriñadora tratando de conocer todo,
tu energía para vivir cuando naciste,
tu alegría de vivir en este mundo,
tu llanto que también exige atención
que decir de la alegría con que juegas,
sé qué difícil es la vida pero no sabes cómo te deseo tu grandeza,
sentir y ver cómo vas creciendo es toda una aventura,
esperar cada día como sonríes lloras o hablas es vivir,
en tu mirada quisiera adivinar tus palabras,
palabras que sé son con energía y valor,
estamos contigo a cada paso para orientar tu vida,
camina de nuestra mano que trataremos de llevarte por el buen camino,
porque en tí veo la perpetuidad de tantas enseñanzas de quienes nos trajeron al mundo,
porque debemos ayudar a que tu vida sea fructífera y excepcional como lo veo en tí,
a Dios debemos rogar porque te facilite los caminos para tu grandeza,
¡Oh Hijo!, cuanta felicidad me inspiras.

Jardín de la Paz   05-03-13

En ese jardín descansa hoy tu cuerpo,
pero en los jardines de mi corazón descansa por siempre tu recuerdo,
si las flores renacen en el jardín de la paz,
en mi corazón crecerán siempre alrededor de tu recuerdo madre mía,
hoy siento tu paz y tu tranquilidad,
se acabaron las tristezas, las angustias y el dolor,
hoy has despertado a la vida infinita con la alegría de tu alma,
hoy ha comenzado el lento caminar en la vida eterna,
hoy ha comenzado la gracia de la vida al lado de Dios para tu alma,
hoy has comenzado a disfrutar de las maravillas de la eternidad,
como no pensar en tu felicidad sin la opresión que viviste en este mundo,
hoy caminas con la juventud de tu alma,
donde disfrutarás de todo lo esplendoroso de ese infinito universo de Dios,
hoy puedes escuchar a tantos músicos y cantantes como lo deseaste en vida,
hoy te encuentras en un espacio infinito sin tiempo,
hoy podrás disfrutar sin cansancio ni tiempo de tantos conciertos,
hoy podrás pintar como los mejores pintores del mundo que también están contigo
hoy estás al lado de tantos que te amaron,
pero recuerda que aún los principales estamos aquí esperando por nuestro viaje,
que en envidia porque mientras que para tí ya no cuenta el tiempo,
para nosotros aún está el tiempo lleno de dolor, angustias, amor, tristezas y logros,
porque aún no es tiempo para nosotros, solo te extrañaremos con amor.

Dudas

Coordinación de pensamientos en el corazón,
¿A quién amo?
¿Quién soy?
¿Quién me trajo al mundo?
¿Por qué nadie puede coincidir con mis ideas?
¿Por qué no se puede ver la maldad fácilmente?
¿Por qué no se puede encontrar la paz para vivir?
¿Por qué hay tanto egoísmo?
¿Qué se necesita para que haya buenos Gobernantes?
¿Por qué no aceptan la razón y el sentido común la humanidad?
¿Por qué es tan difícil tener buenos valores morales y civiles?
¿Por qué tiene que haber idiomas?
Si se puede hablar uno solo
salgo a la vida diariamente y me asaltan tantas preguntas por lo mismo,
salir a la vida es exponerse a la muerte por tanta ambición,
salir a la vida debería ser el compartirla con amor y buena voluntad,
y no sentir el pavor de vivir ante tanta maldad y corrupción,

Luces en el cielo 05-13-13

Del cielo comienzan a brotar luces,
luces que iluminan mi camino,
camino bordeado de hermosos árboles,
árboles que en su esplendor me hacen pensar en tí,
en tí que has sido la ilusión de mi vida,
vida en que me has dado toda clase de amor,
amor que has sabido intensificar con tu compañía,
compañía que sin ella mi vida hubiese sido una tragedia,
tragedia porque era lo que vivía y se hubiese eternizado toda mi vida sin tí,
sin tí nunca hubiese escalado tantos triunfos que me cambiaron a lo que hoy soy,
soy ahora el fruto de tus esfuerzos por nuestra felicidad,
felicidad que has sabido llenar de sonrisas y amor,
amor que labra, que lucha, que enseña,
enseñanzas que has sabido encauzar por la senda de Dios,
Dios que ha sido tu guía para nuestra grandeza,
grandeza que nos ha hecho caminar por la vida a tu manera,
manera que has sabido enfrentar todo obstáculo de la vida,
vida que has sabido llenar de recuerdos y hermosos días,
días de canto, amor, pasión, trabajo, aventuras y sabiduría,
sabiduría que me has enseñado para saber agradecer tanto amor,
amor que le doy gracias a Dios por haberte conocido para tener una familia.

Madre   05-14-13

Hoy ha partido la nave contigo,
en el Puerto nos has dejado con nuestras lágrimas,
en tu viaje se abrirán las puertas del infinito,
en ello tu belleza volverá a renacer para tu grandeza,
nuevamente tu canto se oirá,
tu canto que llenará los salones del infinito con tus hermosas melodías,
en tu viaje ya no habrá tormentas,
en tu viaje se estará llenando de luces de colores,
en tu viaje tu alma ha sido abrazada por la calma,
en tu viaje las aves del infinito acompañarán con su música tu canto,
ya las noches para tí se han llenado de luces,
tu esplendor empezará a llenar todos los espacios,
todos los Angeles al final de tu viaje se acercarán a tu nave para recibirte,
todos quisiéramos acompañarte en tu viaje por que tu misión ha terminado,
pero como la nuestra no ha terminado a tu nave solo tu irás,
pero sí te acompañarán todas esas almas que te antecedieron,
almas que a tu lado estuvieron para guiarte,
por eso hoy a nosotros nos acompañará tu recuerdo como un alma.

Aarón 06-15-13

Tu grandeza está a punto de llevarte a tus primeros triunfos,
el caminar junto a tí para cuidarte, ayudarte, y elogiarte ha sido mi alegría,
hoy que te veo realizar tu sueños envidia me dá,
envidia porque sé que tu vida se llenará de enormes emociones,
la terminación de tu carrera trae la felicidad a todos nosotros,
verte de niño crecer y que todo un hombre eres, me llenas de orgullo,
orar para que tu esfuerzo en la vida lo logres todo será nuestra oración,
porque tu esfuerzo lo merece,
porque serás todo un ejemplo,
porque muchos somos los que te queremos,
sé que también tendrás días difíciles pero tu carácter los dominará,
tu vida se enmarcará en lucha y esfuerzos pero que el tiempo te premiará,
ya has aprendido a analizar gentes espero que a mí me comprendas,
porque en tí cifré muchas esperanzas de vida y logros,
hoy que me los das me siento en la gloria,
tu viveza y tu inteligencia siempre me impresionaron,
hoy te pido que las enaltezcas más para tu grandeza,
porque siempre estaré orando para que Dios te acompañe.

10 de Mayo   05-10-13

Un recuerdo más que de tu vientre vine,
un recuerdo más de lo que sufriste por mí,
un recuerdo más de que también fuí tu felicidad cuando nací,
vivimos en la más profunda comunión de amor
viví con tu amor de madre siempre en mi corazón,
viví con tu protección y tus lágrimas de amor de madre,
viví pensando siempre en tu rostro y tus enseñanzas,
el tiempo de vida me fue tan breve que solo en la eternidad estaremos nuevamente,
el tiempo siempre nos faltó para disfrutar de tu compañía y de tu amor,
el tiempo breve sí lo viví con tus sonrisas y tus canciones,
siempre fuiste tú mi guía,
siempre fuiste tú la luz de mi vida,
mi niñez y juventud la cubriste siempre de amor,
mi vida hoy solo se llena de recuerdos tuyos,
mi vida hoy es una copia de lo que deseaste de mí,
mi vida hoy si está llena de tus recuerdos,
pero hoy solo me queda enfrentar mi soledad sin tí,
hoy nos has dejado para ir a Dios y tu felicidad eterna,
hoy solo me resta orar ante tu tumba para recordarte,
hoy solo puedo llenar de flores tu recuerdo,
pero hoy también sé que algún día nos reuniremos.

Tu graduación   06-19-13

La pequeña de mis hijas hoy se gradúa,
los esfuerzos de tantos años han triunfado,
una más de mis hijas que me llena de orgullo,
una más de mis hijas que no tendré que ver en la miseria,
una más de mis hijas que veré siempre triunfante,
porque tuviste carácter para hacerlo,
porque supiste encauzar tus sueños a hacerlos realidad,
tu dedicación nos trae tanta alegría que no sabría medirla,
tu dedicación fue la llave de tus éxitos,
saber que de tantos años luchando hoy te realizas es orgullo,
¿Cómo premiar tus esfuerzos es hoy mi tarea?
verte en tus estudios por tantos años me entristeció pero hoy me alegra,
verte en el umbral de tu triunfo te engrandece,
y más satisfechos nos sentimos de tí nosotros tus padres,
porque cuando llegaste a esta vida nuestra única meta fue tu realización,
realización que hoy con orgullo logras,
quisiera ser un poeta para componer un poema de tu grandiosa vida,
vida que hoy nos estás llenando de felicidad,
adelante en tu perseverancia por superarte, la vida te lo premiará.

Tus lágrimas   06-12-13

Una oración a tus lágrimas invoco,
porque ellas controlaron mis sentimientos,
cada una de tus lágrimas marcó mi vida,
cada una fue una nota musical de amor,
tus lágrimas me hicieron no desperdiciar por lo que las derramabas,
tus lágrimas sirvieron para hacer crecer el amor a tí,
tus lágrimas me enseñaron a despreciar la ingratitud,
tus lágrimas me enseñaron la humildad,
tus lágrimas sembraron en mí tanto amor por la vida que ahora la disfruto,
tu llanto devolvió a mí tantas ilusiones,
tu llanto me hizo labrar mi destino,
tu llanto siempre alegró mi vida a pesar de tus lágrimas,
sí, porque con ellas me enseñaste a amar y a vivir con metas,
cada lágrima fue como un diamante que enriqueció mi corazón,
me hiciste volar en la imaginación y ni los años sentí pasar,
tus lágrimas enriquecieron cada momento de nuestro amor,
tus lágrimas fueron siempre la ruptura de nuestros infortunios,
fueron siempre el preámbulo de nuestra alegría,
jamás tus lágrimas fueron motivo de sufrimiento o dolor para mí,
ya que con ellas me enternecías para soportar cualquier dolor.

Mi Nación 06-24-13

Te canto y te alabo como mi Nación,
Nación de Hombres Ilustres que se convirtieron en tus mártires,
hombres que con sus ideales han tratado de engrandecerte,
hombres que no han medido la magnitud de sus tragedias con tal de servirte,
hombres que siempre han sido sacrificados en aras de la corrupción,
hombres que posiblemente en su ignorancia no han conocido la traición con que te gobiernan,
hombres que han creído que podrían acabar con los traidores que te gobiernan,
hombres que se infiltraron con la esperanza de desenmascarar a los traidores,
hombres que no han comprendido la maldad de quienes te gobiernan desde afuera,
una Nación dominada por pequeños grupos de gran poder económico,
una Nación considerada el patio trasero,
una Nación en la que sus propios ciudadanos se venden al mejor postor,
una Nación traicionada por ciudadanos que consideran que a la muerte se llevarán riquezas y poder,
una Nación dominada por grupos religiosos que guardan pasados demasiado trágicos,
una Nación que probó la tan llamada Santa Inquisición y ni así han aprendido,
una Nación que no ha sido dominada por verdaderos Héroes que la defiendan,
una Nación llena de odios, guerras, invasiones, y sus pocos Héroes aplastados,
una Nación que han empobrecido en su cultura para tener dominados a sus gentes,
una Nación con poderosas riquezas pero en manos extranjeras que no permiten que la Nación se enriquezca,
¿Podremos verte libre y soberana algún día?

El baúl   06-25-13

Como en un baúl mi mente se empezó a llenar,
a llenar de recuerdos y experiencias al conocerte,
se empezó a llenar de mis sueños de amor a tí,
los recuerdos de cada día empalagaban mis pensamientos,
amarte fue envolverme en una nube de fantasías,
amarte fue cortar y entregarte a tu corazón cada flor que veía,
mi mente y yo mismo me llenaba de sueños,
pero poco a poco fuiste despertándome de mis sueños,
tu falta de tacto y tu frialdad me fueron golpeando,
con el tiempo empecé a conocerte,
mientras que a la luz de la luna te besaba con amor tu parecías ausente,
tus palabras a mis ideas del amor sonaban a desprecio,
mientras yo ponía en tus manos rosas o gardenias como símbolo de mi amor,
tu ponías las espinas del rosal en mi corazón con tu veneno,
¿Cómo pude ser tan ciego?
Donde no hay amor solo existe el odio y el asco,
hoy que mi alma condenada al dolor está lo está por tu odio,
hoy está tan sola como lo está en una tumba,
porque muerta y abandonada ha quedado mi alma,
el baúl de mis sueños se ha convertido en mi féretro.

A tí mi llanto   06-28-13

Hoy que has partido los recuerdos me agolpan,
hoy la tristeza me vuelve a invadir,
hoy mi alma llora por tí,
recuerdos tan dolorosos como cuando no estabas junto a mí,
pero hoy duele tanto que difícil es contener el llanto,
hoy sé que a dónde has partido nunca volverás,
en mi niñez había la esperanza de volverte a ver,
hoy toda esperanza se ha cerrado,
te idolatré y te amé tanto que en mí siempre estuviste tú,
me diste la vida y mi vida se ató a tí,
fuiste para mí la madre más hermosa del mundo,
hoy quisiera volver a oír tu canto,
hoy quisiera volver a orar a tu lado,
hoy quisiera volver a caminar a tu lado,
tú siempre me tendiste tu mano,
tú siempre me orientaste en la fe a Dios,
por eso hoy mis lágrimas solo las oye Dios,
hoy sí, mi alma está tan sola y triste sin tí,
como aquella noche fría y lluviosa que te llamaba,
aquella noche que Dios no me permitió partir,
porque tu oraste por mí,
por eso hoy me toca orar por tí aunque sé que nunca volverás.

Paseo de Jacarandas   06-29-13

En el paseo de las jacarandas las flores caen,
en el paseo plagado de sus flores tu belleza resalta,
en él tu sonrisa se ilumina con tanta flor,
eres como las flores de jacaranda bella y dulce,
las abejas de las flores beben su miel,
y yo bebo la miel de tus labios,
tu aroma es como el aire que respiras en el paseo de las jacarandas,
tu aroma como el de ellas se penetra en mi ser con dulzura,
si las abejas se engolosinan con sus flores,
yo me engolosino con tu belleza y con tu amor,
nuestras vidas se han conjugado como las abejas con las flores,
en nuestras vidas ya no podemos vivir el uno sin el otro,
pero aun así en nuestro amor hay libertad,
sí, como en las abejas que van de flor en flor,
pero en nuestro amor solo somos tú y yo con amor,
libres sí, pero para amarnos pero sin evitar las realidades de la vida,
si las jacarandas pierden sus flores las pierden para renacer cada año,
pero en nuestro amor no se pierde nunca nada,
nuestro amor renace a cada instante con más amor,
en el gran amor entre tú y yo no existen las tristezas,
en ese gran amor tú me das tu ser como yo te doy mi ser,
y todo es por el amor que existe en tí como también en mi.

Amenaza del cáncer   06-29-13

Saber que la muerte la tienes en tus manos, entristece,
saber que te han quitado la esperanza de vivir sanamente, deprime,
saber que en tu cuerpo está latente la amenaza del cáncer,
saber que ves en todos la alegría de la vida, pero no en tí,
¿Cómo he de aceptar que día a día esa amenaza existe en mí?
Saber que a tu cuerpo ya te atacó y te dejó mutilado por dentro,
sabes que todos te alientan,
"Qué bien te ves" Te dicen todos,
Pero ¿Cómo aceptarlo? Cuando por dentro de tí hay tantos dolores,
saber que dentro de tí tu cuerpo se ha atrofiado, desespera,
¿Cómo? ¿Cómo aceptar que ya no tienes la misma vida y alegría en tí?
Paso a paso te vas consumiendo mientras todos viven,
¿Cómo bailar o cantar? Sí el gusto por lo mismo se ha perdido,
¿Cómo sentir en tu mente la alegría de vivir?
Cuando en tu mente solo escuchas Cáncer, Cáncer,
sabes que a cada instante mueren millones de seres por millones de causas,
pero para ellos no existía en su mayoría la amenaza de muerte por cáncer,
sí, porque es como vivimos los que el cáncer nos ha atacado,
siempre temerosos de encontrarnos nuevamente con más tumores,
tumores o complicaciones que acabarán con uno,
por eso yo no encuentro la alegría de vivir como antes,
ahora siempre me vivo pensando que la muerte está en mis manos,
con la amenaza que el cáncer le da a mi vida,
hoy solo me resta ponerme en las manos de Dios buscando su consuelo.

Sensibilidad   06-29-13

La sensibilidad que dejaste en mí me tortura,
grabaste en mi corazón la ternura, la compasión, el amor,
la nobleza de tus sentimientos fue una de tus cualidades,
llorar hoy quisiera, pero el dolor por tu ausencia me lo impide,
hoy con ternura me ruegas desde el cielo ore por tí,
pero cómo podré desechar este dolor que siento,
este dolor que me está consumiendo,
tu partida me ha dejado en el más completo vacío,
hoy no encuentro lágrimas que me ayuden a soportar este dolor,
no me puedo imaginar ahora feliz sin tí,
este amor que por tí siento nunca me ha cansado,
este amor que por tí sentí siempre me hizo soñar con lo máximo de tu amor,
por eso hoy que despierto vivo, el dolor es inconsolable,
por eso hoy que camino despierto sin tu amor sé que ya no te encontraré,
tú que siempre me sembraste amor y ternura, ayúdame,
la paz en mi alma son ya imposibles de sentir sin tí,
en tus momentos siempre sembraste amor en mí,
impediste que las sombras de la amargura y la tristeza nos invadieran,
siempre tu amor compensó cada pasión, cada aventura, cada esfuerzo,
por eso hoy te pido que si estás cerca de Dios ores por mí,
que los caminos que aún tengo que seguir los guíes tú desde donde estás,
que cuando por fin nos reunamos volvamos amarnos como en está vida,
porque si yo te amé tanto, sé que tú lo hiciste igual,
y así en la eternidad podremos seguir amándonos.

Tu abandono 06-30-13

Las palabras se revientan en mi alma al recordarte,
y como torrente las lágrimas las inundan,
mezclándose en el dolor que me ha producido tu partida,
no hay nada que llene mi alma para arreglar palabras,
palabras que te hagan volver a mí,
rompiste mi alma en mil pedazos,
te amé tanto que no logro cerrar la herida,
y trato con empeño de no volverme a enamorar,
ya que al haberte entregado mi corazón lo dejaste vacío,
no tengo nada con que volverme a enamorar,
me dejaste por empezar otro amor,
y a mí me dejaste en el más completo abandono,
yo te amé como nadie lo volverá hacer,
te di el amor más intenso,
por eso es que tu partida me ha destrozado,
y yo sé que no encontraré alguna forma de volver amar,
ya que como tú no existe otro ser para mi,
también sé que si amara a otra sería una hipocresía,
porque siempre te estaría viendo a tí,
porque siempre serás mi único amor en la vida.

La vida con tu amor   06-30-13

La vida me la diste iluminada por el amor,
la vida a tu lado se llenó de escenas tristes y alegres
la vida se fue esfumando en tus brazos casi sin percibirla,
la vida se tornó una maravilla a tu lado,
tanto que los años pasaron veloces como el aire,
hoy con tanto amor que llenaste nuestra vida, se eternizó,
hoy veo que se cimentó en la esperanza y la fe,
hoy sé que la vida se tornó en toda una aventura a tu lado,
hoy hasta este momento la tristeza nunca se alojó en nuestros corazones,
la vida con sus colores iluminó siempre nuestros corazones,
tomar un café a tu lado fue como una noche de amor apasionado contigo,
un café ardiendo, es como el amor que me profesaste,
hoy todo se reverdece con el renacimiento de nuestras vidas,
el sonido de la música de la vida, acompañó siempre tu voz,
por eso hoy la vida para mí como para tí, no tiene fin,
nuestro amor siempre caminará entre árboles, flores, ríos o mares,
la vida está y estará llena de tí hasta la eternidad,
hoy la muerte podrá venir a mí sin sentirla por tu gran amor,
que gustoso partiré a esperarte o alcanzarte para eternizarnos en el amor.

¿Seguridad amorosa?

07-06-13

En tus ojos se forma la incógnita de la tristeza,
en tus ojos solo ves mi partida,
en tí sabes que la soledad te atrapará,
¿Cómo podrás decirme tu dolor?
Si ahora ya no ves sonrisas en mí,
el amor por tí lo destruiste todo,
hoy solo te espera iniciar un nuevo camino sin mí,
en tus ojos ahora si hay sorpresa por mi desamor,
pero como no dejarte de amar cuando tú no lo hacías,
a mis ojos brillaste siempre como un lucero de la noche,
hoy te has apagado para mí,
hoy no hayo caminos para reencontrar el amor que por tí sentí,
hoy las tardes ya no me parecen los hermosos atardeceres que pasé junto a tí,
hoy he dejado de caminar por nuestros paseos del amor,
tu frialdad destruyó todo encanto e ilusión,
tu frialdad quizás se fincó en una inseguridad que tú confundiste con amor,
hoy para mí si podré decirte adiós,
adiós sí, porque ya no te amo.

Humo de amor   07-09-13

En la finura de tu rostro se forma tu belleza,
y en la finura de tus pensamientos tu grandeza,
en la belleza de tus ojos resalta tu personalidad,
en tus palabras se enjugan los mejores sentimientos,
¿Cómo podrás enamorarte de mí ante tanta belleza que posees?
En ella derramas ternura, calor, amor, tanto que difícil es calificarte,
soñar con caminar de tu mano es todo un sueño de vida,
besar tus finos labios que parecen formados con tanto arte, es amor,
reencontrar las mejores ilusiones de vida deben ser contigo,
ya que llevarte en mi mente con tu belleza es vivir amándote,
porque ante la crueldad con que golpea el mundo hostil en que vivimos,
claro que sé que tú lo puedes envolver en una nube de humo con tu amor,
tu belleza y tu amor son el paliativo en este mundo de tanta crueldad,
contigo es posible lograr la realización de cualquier deseo de vida,
contigo no hay espacio para dudas tú eres abierta en todos tus pensamientos,
por eso busco poder mostrarte que en mi alma solo puedes existir tú,
contigo la conjugación de un amor se tornará en toda una obra de vida,
en tu seno nuestro amor podrá perdurar nuestras almas en nuevas vidas,
dame una señal para acercarme a tí que me permita demostrarte mi amor,
orando a Dios me encuentro porque sé que El nos puso en el mismo camino,
sin su bendición nada tendrá valor en mi vida y solo alcanzaré esa vida a tu lado,
abre tu corazón que mi pensamiento llegará a tí para poder enamorarte de mi

El tiempo y la música   07-07-13

Suenan en mi mente los sonidos del pasado,
cada nota musical lleva tantos recuerdos como grandiosas imágenes,
cada noche se llenó de tanta alegría como de tristezas también,
vibré con toda pasión cada momento de amor que se grabaron en mi mente,
pero así también temblé de miedo ante la pobreza,
podría volver a caminar cada paso que di,
pero hoy ante la distancia y el tiempo veo que todo cambió,
la fortuna como el infortunio no fueron mis mejores compañías,
¿Cómo volver a vivir cada momento que con mi madre pasé?
Si ella no vive más,
¿Cómo revivir la alegría o tristeza con la que la vida me golpeó?
Soñar con que vivo esos momentos hoy es vivir para mí,
la música transporta mi alma a esos momentos de vida,
dolorosos sí, para quien vive de realidades y no de sueños como yo,
pero ante la rapidez de la vida hoy que la vejez me alcanzó, solo me queda soñar,
porque estuve rodeado más de seres tan angelicales que difícil hoy es olvidarles,
aunque hoy sean tan solo sombras que acompañan mis días de vida,
días que hoy con los recuerdos me invitan a buscar nuevas aventuras,
aventuras que pueda adornar con grandes melodías que emocionen mi vida,
¿Quién puede sentirse derrotado cuando hay tantas melodías para recomponer la vida?
Por eso hoy el tiempo ya no camina para mi hoy me envuelvo en el encanto de la vida.

Un ser tan amado   07-08-13

Enjugas tus alegrías y tus penas en mi amor por tí,
como no brindar el corazón a un ser tan amado como lo eres tú,
tú envolviste mi vida en la realidad de vivir pero con amor,
por eso hoy tus lágrimas se confunden en la alegría de tu rostro,
te amo, te amo sí, porque la vida que me has brindado no tiene igual,
el azul del cielo lo bajas para adornar nuestras vidas,
la maldad con que se vive en el mundo lo desapareces con tu grandeza,
difícil es hasta hoy empañar tu amor por mí, nada lo destruye,
tus palabras son la luz en el camino de mi vida,
enriqueces el amor que por tí profeso con tu inspiración,
a cada día lo llenas de actos que me enamoran más de tu ser,
mis tormentos se tornaron en alegrías con tu entorno,
ya que tu corazón guarda lo más sagrado de tí, tus virtudes,
virtudes que llenan mi vida de tranquilidad y amor,
por eso sé que amarte será mi mejor virtud,
la vida a tu lado se torna en un paraíso de vida y amor,
ciego debería de estar si no supiera lo maravillosa que eres para mí,
en tí se cifran todos los sueños que de una mujer me formé en mi juventud,
paso a paso tú me has demostrado que las flores, las aves, el cielo todo forma
parte de la grandeza de vivir con amor.

En tu sepulcro

07-01-13

En la quietud de tu sepulcro hoy me encuentro,
sé que hoy duermes el sueño eterno,
sin embargo en el cantar de las aves te siento a tí,
tu cantar sigue en mi corazón como una oración,
sé también que quizás pronto te alcanzaré porque la vida me la diste tú,
y hoy sé que como tú también deberé partir de esta vida,
el pensar que nuevamente podré caminar de tu mano como cuando niño,
hoy me hace soñar en ese momento que tan maravilloso fue en esta vida,
grandioso fue para mí que tú me dieses la vida,
como grandioso fue el enseñarme a vivir en este mundo,
por eso sé que mis caminos te pertenecen también a tí,
que como tú tarde o temprano partiré pero también debo dejar mi huella,

# Grito de amor		07-08-13

En un grito de amor mi corazón se encuentra,
¿Qué será lo que impresionaste con tu presencia?
¿Será la hermosura de tu rostro?
Ya que en cada flor veo tu rostro,
en cada estrella la luz de tus ojos parece iluminarlas,
la miel de tus labios parece brotar como una fuente de dulzura,
tus palabras hipnotizan mi mente,
hoy solo la emoción que tu cuerpo le da a mis sentidos me hace vibrar,
vibrar de amor como nunca lo sentí en mi vida,
cada día es un paraíso que se abre para nuestras vidas contigo,
amor como el tuyo jamás pensé que existiera,
te adueñaste de mi vida como el aire que necesito para vivir,
eres como una cascada de felicidad,
solo dejas en mi mente grandes recuerdos de tu amor por mí a cada día,
cuento cada día porque miles de ellos quiero vivir como los has convertido para mí,
amarte es toda una oración constante que engrandeces mi alma,
siempre hay calor, candidez e inocencia en tí,
el amor que me ofreces nunca me ha hecho sentir que me dañas,
siempre, siempre me sentiré halagado de haberte encontrado.

Caminar de tu mano   07-09-13

El dolor se ha anidado en mi corazón,
las lágrimas brotan ahora en mí con tanto dolor,
en mi mente ya solo hay recuerdos,
ya no hay la esperanza que en el pasado hubo,
verte y caminar de tu mano como tantas veces lo hicimos,
la remembranza del ayer me asalta a cada momento con tu rostro,
tu amor y tu calor abrigó tantas veces mi vida,
que hoy me siento desolado, que ni el verde de las plantas me inspira,
ni la luz del sol me ilumina como lo sentía antes de tu partida,
hoy las flores que tanto admiramos, hoy las veo con tristeza,
hoy siento que ya nadie puede comprender mi dolor que tu ausencia me da,
en el pasado podía correr a encontrarte en todas partes,
hoy solo te puedo encontrar en el cielo,
hoy sé que solo los coros de Angeles te acompañan a tí,
y a mí, solo el canto de la tristeza me acompaña,
¿Por qué la vida tiene que ser tan cruel?
Tú me enseñaste a luchar y a esperar siempre por el amor,
pero hoy cuales metas puede haber en mi con tu ausencia,
hoy solo la meta de la oración sé que me volverá unir a tí,
el ocaso del sol se forma hoy como el ocaso de tu vida,
ya que la oscuridad nos envolverá como me envuelve tu partida.

¿Mis pasos?   07-10-13

¿Cómo mencionar cada paso de mi vida?
Cuando lo rodearon de poco amor y mucho dolor,
cuando el hambre y la miseria marcó mi vida,
cuando las enfermedades me atacaban con frecuencia,
cuando luchando día a día por ganar un lugar en la vida fracasé tantas veces,
cuando la ambición de aprender me lo impidió el hambre y la miseria
nuevamente,
cuando luchando por fin pude lograr un camino a logros para superarme,
pero esos logros también estuvieron llenos de dolor,
dolor sí porque estuvieron coronados en mi vida por el desamor,
pero más tarde empezaron los pequeños amores quienes empezaron a acompañarme,
y pronto esos pequeños amores vinieron a cambiar mis espacios de dolor y tristeza,
esos pequeños amores se volvieron mis metas de vida,
esos pequeños amores que llenaron mis ojos de lágrimas,
lágrimas pero no de dolor sino de amor y felicidad,
cinco pequeños amores que hoy se han vuelto diez,
diez por el momento pero que empiezan a borrar todo el dolor de mis fracasos,
gracias Dios mío por darme esos pequeños amores,
amores que hoy sé, se multiplicarán más para dar amor y alegrías,
porque son ellos los que cerrarán mi ciclo de vida para abrir la de ellos,
con la firme esperanza de que ellos logren los triunfos en la vida,
como lo han logrado mis primeros cinco pequeños amores.

Sueños y realidades   07-14-13

Qué triste es la vida cuando no completaste tus sueños,
cuanta tristeza da quedarte sin palabras para describir tus torpezas,
cuanta tristeza es ver los paisajes que adornaron tus juveniles sueños,
pero que hoy al ver los paisajes, los recuerdos te ahogan al ver lo que perdiste,
cada paso te reclama tu estupidez al haber roto tus sueños,
sueños de interminables labores, viajes, amores y grandezas de tu vida,
en el mar fincabas los mayores sueños de tu grandeza,
hoy el mar te incrimina con su oleaje el pensar una y otra vez en tus fracasos,
las voces del corazón que te apoyaban en tu camino,
pero que tú despreciaste hoy son solo silencio,
hoy la efervescencia de tu inutilidad te da lo que mereces,
en la vida solo una oportunidad se te dió y la despreciaste,
hoy solo te puedes hundir en tus recuerdos,
porque tus fracasos te llevaron a lo que hoy eres,
¡Nada!
en un montón de fracasos y desprecios que la vida te ha dado,
porque aunque algo tengas o valgas,
nada podrás comparar a los sueños que se te ofrecieron,
y que tú con tu inutilidad despreciaste,
por eso hoy llénate de recuerdos solamente porque ya nada vales.

Vuelve

07-23-13

Conocerte y enamorarme de tí fue instantáneo,
de tu amor bebí tantas fantasías en tus labios,
que cuando las hiciste realidad me impulsaste al infinito,
a ese infinito donde la comunión de nuestros cuerpos se unieron nuestras almas,
con tu amor vivimos lo más hermoso de la vida,
transformaste nuestras vidas en un núcleo sin igual,
nuestros cuerpos se conjugaron en uno solo,
pero la ignomia de la vida nos empezó a separar,
poco a poco empezaste a llenar nuestras vidas de sinsabores,
poco a poco te fuiste yendo de nuestras vidas,
hasta que rompiste todo lazo con nosotros y huiste,
mi alma hoy te llama con todo el dolor que dejaste en mí,
vuelve, vuelve es nuestra única oración,
vuelve retorna a los que de verdad te amamos,
vuelve que yo sé que nada conforta ya tu alma y tu ser,
vuelve a mí y sabrás entender lo profundo de nuestro amor,
vuelve, vuelve a mí continuemos nuestra oración de vida,
vuelve que sin tí nuestras almas vagarán en la eternidad en completa soledad,
vuelve, vuelve no cierres tu corazón aun podemos amarnos eternamente,
vuelve no dejes que la muerte nos alcance y nos hunda en la más profunda
soledad.

¿Tristeza?   07-28-13

Sé que la tristeza invade tu corazón,
un corazón que aparece lleno de amor y alegría,
pero que en tu mente vienen espíritus que te hacen sentir la tristeza,
pero piensa que debes dejar volar tu imaginación,
piensa que al dejarla volar encontrarás la paz en tu alma,
que los fantasmas que te atormentan solo son eso ¡fantasmas!
a tu corazón lo debes llenar de amor y fantasías,
aleja de tu mente los opresores,
llena tus pensamientos de rosas, gardenias de todas las flores que imagines,
que en tu alma se llene de dulzura, amor y paz,
brinca, brinca, baila de alegría, también llénate de música,
en tu corazón debe predominar el amor,
en tu corazón está el reflejo de tu grandeza,
deja que la mano divina ilumine tu vida,
deja que las tinieblas desaparezcan de tu vista,
el amor está en tus manos,
que también el amor lo harás llegar a tí con la oración,
deja que a tu alma la ilumine la gracia de Dios,
grita aleluya, aleluya la emoción de vivir está en mí,
tú eres un alma de amor y bondad,
regocíjate en tu belleza que es inmensa,
ya que si a los Angeles del cielo les permites venir a tí,
ellos acabarán por engrandecerte,
y nunca verás tristeza,
la fuerza de tu ser la convertirá en tu fortaleza ante los embates de la vida.

Por mucho tiempo

07-30-13

Por mucho, mucho tiempo me dejaste amarte,
por mucho, mucho tiempo mi vida tuvo sentido,
por mucho tiempo tu belleza deslumbró mi corazón,
por mucho tiempo te tuve en mis brazos con tu sagrado amor,
noches, días, meses, años enteros pude amarte con toda mi pasión,
en ese tiempo mi vida se cegó, solo tu existías en mi mente y mi corazón,
toda mi vida fue esperar y encontrar un amor sagrado como el tuyo,
y lo sabía porque mi corazón te presentía que te encontraría,
por eso cuando te encontré mi vida se encerró en tu corazón,
supe al verte que tú eras el amor que se volvería eterno,
con tu amor hiciste de mí el ser más agradecido con Dios y con la vida,
en mi camino hoy solo tú y Dios lo iluminan,
mis pensamientos e ideas se soportan en tu amor,
hoy sé que por mucho, mucho tiempo te amaré,
el empezar cada nuevo día tiene el sello de tu amor,
en cada día no hay tristezas ni fracasos,
tú los inspiras para ser el mejor tiempo de nuestras vidas,
por eso hoy sé que por mucho, mucho tiempo té seguiré amando,
porque en mi vida fuiste como un Angel del cielo que vino a guiar mi vida.

Búsqueda inútil 08-12-13

Busque el amor por todos lados,
sin saber que nunca sería para mí,
lleno de amor e ilusiones lo intenté tantas veces,
tantas que por eso no encontré el amor verdadero,
las ilusiones eran dar amor y felicidad,
¿Pero sabría realmente que era el amor?
Creo que no,
porque nunca encontré la empatía en el amor,
porque siempre encontré amores condicionados,
amores falsos e interesados,
quizás mi fantasía sobre el amor fue eso, ¡fantasías!
para mí amar era lealtad, dar, entregar el alma misma, todo por amor,
tantas razones que encerraban el amor para mí,
y en la búsqueda del amor se me fue la vida,
la soledad se fue adueñando de mí poco a poco,
en mi búsqueda del amor me perdí de mis verdaderos amores,
amores como el de mi madre y abuelas,
hoy que han partido las únicas que me amaron solo tristeza flota a mi alrededor,
hoy solo pensamientos de amor a fantasmas también me acompañan,
hoy sé que si hubiera encontrado el amor verdadero,
la felicidad hubiese invadido mi alma,
y con ese amor hubiese perdurado hasta la eternidad.

Incomprensible   08-12-13

La vida para toda la mayoría es incomprensible,
la vida para muchos es tan corta que no se aprecia nada,
la vida para algunos son metas, logros triunfos, fracasos, amores y tantas aventuras,
pero cómo se puede considerar la vida cuando se pierden las ilusiones,
cuando se pierden por las enfermedades y las limitaciones físicas,
¿Cómo enfrentarlas es mi pregunta?
Todos y para todos la vida se enfrenta con valor y firmeza,
pero acaso se puede enfrentar la vida cuando se está padeciendo con muchos dolores,
especialmente cuando se ha perdido las esperanzas de una vida sana,
cuando se sabe que ya no hay remedio a tus enfermedades o incapacidades,
¿Cómo enfrentarlo?
¿Cómo engañar a los demás?
Cuando ya no se tiene el valor de vivir,
por eso cuando una melodía nos retorna a nuestras épocas felices, es cuando hay
que vivir,
el llenarse la mente de música que nos retorne a lo especial de nuestras vidas, es
volver a vivir,
se puede soñar, bailar, componer poesías, tanto que la mente puede crear,
por eso me limito a escuchar música, música que me llene el alma de ilusiones,
y vivir, vivir como todos con grandes ilusiones aunque me esté retorciendo de
dolores,
¿Por qué quien me puede sanar? sino es Dios nadie más y para eso solo su
voluntad vale,
Por eso mis sueños se reproducen en la música ya que es lo único que me queda.

La vida y sus adversidades   08-16-13

¿Cómo luchar contra las adversidades de la vida?
Amar sin ser amado,
vivir sin esperanzas de una larga vida,
saber que la tristeza es más que uno mismo,
saber que nunca estamos listos para partir,
saber que las enfermedades son más fuertes que uno mismo,
saber que nada nos puede dar la inmortalidad, entristece,
saber que vivir es maravilloso pero que no podemos ser eternos, también entristece
por eso debemos saber disfrutar de cada momento feliz de nuestras vidas,
porque cuando los dolores del cuerpo sean incurables nada podremos hacer,
ante la crueldad de vivir en este mundo, vivir es un gran acto de valor,
un acto que llena de grandeza pero a la vez de dolor y tristeza,
ver la vida con los ojos del alma es para llorar,
llorar si porque solo la vemos por momentos,
momentos que a veces son alegres pero la mayoría tristes,
pero al llegar al punto más difícil de la vida "la Muerte"
¿Cómo enfrentarle?
Sí, ¿Hemos dejado amor?
¿O si hemos dejado odios y rencores?
¿Dejamos a nuestros seres que nos aman bien protegidos?
¿Dejamos una vida de ejemplos y lucha?
O si dejamos solo tristeza, dolor, desolación y miseria,
¿Entonces cual será lo mejor para decir?
Que maravillosa fue la vida y vivirla.

¡Hey!   08-18-13

¡Hey!, hey tú, tú que me amaste,
sí, toma mi vida en tus manos,
tómala, tómala porque el dolor me ha vencido,
viví, sí viví pleno de vida y amor,
amé, lloré, sufrí, gocé, pero viví,
hoy sí, si hoy te imploro tómame en tus brazos,
tómame ya porque solo tú me evitaras sufrir,
sí, porque hoy quiero volar, volar entre las nubes,
volar para encontrar la mayor alegría de mi alma,
sí, encontrar a quien siempre me guió,
y al encontrarme con El seguirlo venerando y amando como en vida lo hice,
hoy sé que sobre el arcoiris volaré a encontrar la paz,
hoy sé cuán maravillosa fue la vida y que debo despedirme de ella,
hoy sé que como las aves mi alma volará sobre los seres que tanto amé,
sí, volaré sobre ellos pero sin que me vean,
los dolores de mi cuerpo desaparecerán con la partida hacia Dios,
gracias a quien la vida me dio,
y también a quienes me tendieron sus manos para ayudarme a vivir.

Una época

08-31-13

Se está cerrando una época,
una época que estuvo llena de amor y tristezas,
una época de construcción y destrucción de sueños e ilusiones,
una época en que se llenó de recuerdos tristes y alegres,
una época en que nuestra madre esperó tanto de nosotros,
una época que a ella no le dimos lo que esperaba,
pero nos llenó con sus bellos recuerdos,
y en la realización de nuestras vidas nos acompañó con sus alegrías y tristezas,
una época de acompañarnos mutuamente, hoy se ha acabado,
ya no hay la esperanza de volver a verle,
ya no hay la esperanza de oírla cantar,
hoy yo me lleno de tristeza con sus recuerdos, recuerdos que ya no volverán,
tantas y tantas escenas con ella que ya no se repetirán,
hoy ya no tengo sus palabras de aliento,
pero hoy sé que me toca a mí completar mi misión,
dejarle a los míos buenos recuerdos y bienes que les ayuden a vivir,
hoy me toca a mí desterrar odios y rencores de quienes siempre trataron de destruirnos,
porque hoy yo como ella quiero vivir de hermosos recuerdos con los míos,
como ella trató de hacerlo siempre,
y que me recuerden como yo la recuerdo a ella.

Abandono   08-31-13

Me dejaste en este valle de amor, tristezas, odios y rencores,
llenaste mi mente de enormes recuerdos,
hoy mi pecho hinchado está pero de tristeza,
hoy ya nada es igual para mí,
el amor y la alegría a tu lado se ha perdido,
hoy solo tengo que llorar con mis recuerdos,
hoy mi alma pide a gritos terminar,
terminar con esta vida llena de llanto,
mi alma y mi mente se llenaron de tantas alegrías,
pero hoy, ya no las tengo,
¿Cómo volver a tenerlas?
Sí, ante tanto rencor, ante tanta ingratitud,
¿Cómo volver a llenar mi corazón de alegrías?
Si ya no me dejan ver lo que tanto amo,
noches enteras pensando en tan maravillosos días,
días en que en sus momentos eran tan regulares,
pero llenos de amor y aventuras,
hoy nada, nada llena esos espacios,
mi vida languidece en el abandono,
hoy sé que la muerte acabó a quien más amé,
dejándome a mí sufrir hasta el cansancio,
¡Oh Dios! Dales a quien tanto amo un poco de caridad hacia mí.

Vivir equivocado

09-01-13

La vida, la vida se me escapa de las manos,
viví sí, pero parece que siempre equivocado,
viví amando, amando la hermosura de la vida,
viví amando a quien siempre me extendió su amor,
viví amando y respetando a quien siempre me tendió la mano,
viví amando y disfrutando de la belleza de la naturaleza,
viví admirando los animales criaturas del Señor de los cielos,
viví tratando de respetar a la gente y alejado de mis enemigos,
viví amando la vida pero nunca acepté la maldad y la mentira,
vivir para mí fue hacer un paraíso para los que amé,
y sí, también un infierno para quien me odió,
vivir amando sí, pero para mí la farsa y la hipocresía no tuvieron lugar,
pero sí predominaron en mi vida,
viví siempre a las carreras,
pues nunca tuve suficiente tiempo para realizar mis metas,
viví también agobiado por la ingratitud de los demás,
pero viví bajo la mano de Dios y fue los más hermoso,
porque ver tanto paisaje, tantas maravillas naturales no tuvo igual,
porque oír tanta música que pareciera celestial,
porque también acompañé con música mi vivir,
porque con música forjé tantos sueños,
sueños que muchas veces se cumplieron,
sueños de amor que aunque pocos también se cumplieron.

Algún día   09-02-13

Algún día cuando el corazón y mi alma se regocijen será por tí,
cuando las nubes de la intriga desaparezcan y aclaren tus sentimientos,
sé que volverás a mí,
solamente entonces mi corazón volverá a ser feliz,
entonces volveremos a vivir de nuestro amor,
de ese amor que estuvo lleno de sueños e ilusiones,
porque al no estar tu cerca de mí, mi alma languidece en esta angustia,
en esta angustia que la distancia a tí te ha separado de mi,
distancia que entendí como si se hubiese insultado tu amor,
maldad intrínseca que no entendí porque yo siempre te amé,
porque para mí siempre fuiste lo mejor que a mi vida llegó,
¿Cómo?, como entender lo que no entendí para tu separación, cuando tanto
amor había,
Me llenabas de tantas aventuras diariamente para enamorarme,
cada paso a tu lado era amor, cantar, bailar, tanto por el que llenar nuestros
corazones,
vuelve, vuelve a mí que el amor está y estará rodeando nuestras primaveras,
los fríos del invierno los abrigará tu compañía para encantar nuestros corazones,
no dejes que ahonden cada vez más los susurros de la intriga para separarnos,
deja fluir tu amor que por mí sentías y vuelve a mí,
tú y solo tú eres la dama de mi amor, retorna a mí, es el ruego de mi alma,
dejemos que la vida pase a nuestro alrededor como antes, llena de amor,
deja que la luz de la luna ilumine nuevamente nuestros caminos,
refresquemos día a día nuestras ilusiones de amor que tanto nos unió,
busquémonos a cada instante para engrandecer nuestro amor,
entiende que sin tí la vida se acaba para mí,
ya no habrá fuentes de luces que nos llenen de sentimientos de amor con su música,
entiende que la vida sin tí no tiene ninguna gracia,
vuelve, vuelve a mí no me entierres en la soledad en que me has dejado.

Las olas del mar
09-03-13

Los sonidos del mar vuelven a mis oídos,
el golpear de las olas en la playa es recordarte,
tu silueta hermosa adornada por las aguas del mar me enamoró,
parecías la sirena de mis sueños que me invitaba a perdernos en las profundidades del mar,
de ese mar lleno de maravillas como las que tu belleza da,
nadar a tu lado es vivir, amar, arder nuestros cuerpos de pasión en el mar,
la belleza de tus ojos siempre me hipnotizaron,
ya que como perlas negras brotadas de la profundidad del mar se asemejan,
es por lo que me enamoras con tu mirada,
y qué decir de la suavidad de tu cutis que como nácar de concha se siente al tocarte
besar tus labios es llenar mi cuerpo de sabiduría con tu entrega,
siento que alejarme del mar es alejarme de tu amor,
por eso quiero, sueño en embarcarnos para siempre y solo el mar y tu nos envuelva,
dejar que las olas del mar nos lleven para solo admirar las maravillas del mar,
vivir como los peces en un mundo encantado por su belleza marina,
imaginar que podemos bucear por todo el fondo del mar y encantarnos de su belleza,
dejar que el mar nos convierta en una más de sus maravillas,
si, sé que el mundo no es lo que imagino,
la realidad sé también que solo a tu lado se transforma en amor y fantasías,
velas siempre porque nuestro amor sea realidad,
y junto al cielo invocas tu amor por mí para hacerlo real y así amarte más,
por eso siento que contigo el mar y la realidad de la vida nos llenará de alegrías,
al mar y a tí les deberé mi vivir lleno de felicidad y aventuras en la realidad de tu amor.

Las minorías   09-08-13

Cuál será la realidad de los pueblos gobernados supuestamente por los mejores,
aquellos que siempre están explotando las mayorías con sus mentiras,
llenando los bolsillos de las minorías con sus leyes hechas contra las mayorías,
ya que la miseria de los pueblos cada día crece más y más por todos lados,
el mundo engañado por los dizque Gobernantes se erosiona cada vez más,
saber que ya no habrá liderazgo de los héroes que han tratado de ver por las mayorías,
porque sabiamente o los han corrompido o los han eliminado desprestigiándolos,
que los que siempre han dominado al mundo son pequeños grupos que lo han
hecho por siglos,
que sabiamente controlan a todo y a todos y lo han hecho por siempre,
será acaso seres de otro sistema de vida,
ya que no parecen tener sentimientos por nadie,
ya que dejan que se maten o de hambre o por guerras las mayorías
con las armas fabricadas por esas minorías que dominan el mundo,
esas minorías que no buscan dinero sino poder para dominar,
crean líderes, leyes, sistemas, países poderosos solo para dominar las mayorías,
y cuando lo deciden destruyen esos países poderosos para crear otros,
¿Cómo entonces se podrá creer en ellos?
Si hasta las religiones controlan, creando sus propios Dioses,
las leyes emanadas en los países solo les sirven para protegerlos a ellos y no a las
mayorías,
donde podrán reinar los ilusos que creen poder componer el mundo,
sí, todo lo controlan unos pequeños grupos y en nada se ha podido
contrarrestarles,
por eso no nos queda otra que vivir como topos siempre a la defensiva,
sin que nos puedan alcanzar sus intereses y evitar vivir en países predispuestos a
la guerra,
para que no nos alcance la infamia de quien no mide el sufrimiento de las
mayorías.

`Adversidades   09-10-13

Se llenan mis ojos de lágrimas ante la tristeza que invade mi corazón,
y como no llorar ante la adversidad de las maldades que han caído sobre mí,
nadie me justifica a mí y me dejan en completa frustración,
solo yo soy la víctima ante mí mismo pero no ante los demás,
dí siempre amor y caridad sin esperar nada,
regalé mis valores a quien más lo necesitó,
pero en lugar de gratitud, recibí chantajes y desprecios,
dí amor y a cambio me golpearon con toda clase de desprecios,
solo la música acompaña hoy mi vida,
una vida siempre llena de esperanzas de amor y compasión,
pero pareciera que siempre estuve equivocado en todo,
hasta quien me dió la vida me relegó y despreció,
solo almas bondadosas que estuvieron muy poco a mi lado me lo dieron,
esos seres que tanto me amaron pronto partieron en mi niñez,
a ellos son a quien realmente les debo la felicidad de mi alma,
porque ellos jamás escatimaron ni esfuerzo ni dinero por nosotros,
pero la vida llena de maldades e ingratitudes no deja de golpearme,
por eso me refugio en esos recuerdos que estuvieron llenos de amor sincero,
en esos momentos tan inolvidables que se me dieron sin condiciones,
sí, también hubo en mi vida seres tan maravillosas como ninguno,
y a todo lo que rodeó mi vida, no los de maldad, sino de bondad,
mi gratitud infinita por todo lo maravilloso que me dieron.

¿Amor?   09-16-13

Despejar las tinieblas de una vida tormentosa, es amor,
cuando encuentras la belleza en el alma y no en el rostro, es amor,
cuando de esos labios solo escuchas la nobleza de un alma, es amor,
cuando en el fondo de esos ojos encuentras ternura, es amor,
cuando te llenan la vida de encanto y lucha por vivir, es amor,
cuando ves que comparten contigo alegrías y tristezas, es amor,
cuando en tu miseria te ayudan trabajando para compartir logros, es amor
cuando la ternura de ese ser te alienta cada día a luchar, es amor,
cuando te ofrecen el amor en su entrega, es amor,
cuando te envuelven en pasión y entrega, es amor,
cuando no ves el hermoso cuerpo sino a el alma que te acompaña, es amor,
con los años, los sacrificios, las infamias, las amarguras te las convierten en
felicidad, eso es amor,
cuando te hacen sentir pasar el tiempo sin notarlo, es amor,
cuando tu vida te la hacen un poema de amor, es amor,
cuando quieren retribuirte lo que das y te lo devuelven en felicidad, es amor,
por eso pienso que tú has llenado mi vida de todo con tu amor,
y por eso te amo y te amaré hasta la eternidad,
porque de tí he recibido el verdadero amor incondicional.

Una Nación engañada 09-17-13

Una Nación que se vió pisoteada y masacrada por extranjeros,
una Nación grandiosa que pudo conservarse como tal,
hoy es una Nación pisoteada pero ahora por sus propios ciudadanos,
hoy sus riquezas son regaladas al primer extranjero con dinero,
hoy sus ciudadanos ya no tienen voz,
hoy sus ciudadanos viven como los animales en la miseria y atacándose los unos a los otros,
hoy sus Gobernantes solo son una mafia al servicio de las grandes corporaciones,
hoy es una Nación de incultos y prepotentes servidores públicos,
hoy es una nación sin valores,
hoy es una Nación sobrepoblada pero la mayoría en la miseria,
hoy si son más los ciudadanos incultos y en la miseria,
hoy si es fácil engañar a sus ciudadanos con grandes mentiras,
hoy se manejan los grandes planes que solo servirán a las grandes corporaciones,
hoy se manipulan a diputados y senadores a la conveniencia de esa mismas corporaciones
hoy ni los más preparados pueden contradecir los planes o reformas,
hoy podemos decir que solo se les escuchan en los desiertos a los que la verdad tienen,
por siempre se le ha mentido a la gente y siempre a favor de unos cuantos,
para que una Nación pueda ser independiente libre y soberana es un sueño irrealizable,
¿Cómo se puede engañar a tantos millones? Con la ignorancia y el servilismo,
¿Cómo podremos pretender cambios para mejorar la vida de un pueblo? si siempre están oprimidos,
¿Cómo renovar los valores morales? si se vive en la delincuencia por todos lados,
Si alguien quisiera ser actualmente el Quijote, mejor le iría perseguir a Dios que ahí si podrá mejorar las cosas,
sí, si ya parece que a través de las mismas autoridades que se heredan el poder año tras año podemos esperar cambios

Dos Almas del cielo

09-22-13

Sobre el arco iris vienen volando,
sobre él vienen quien más nos amaron,
sí, entre la lluvia y el sol sus rostros se reflejan como dos Angeles,
sí, porque fueron seres con tanto amor para dar,
y ya, ya bajan para acompañarnos,
sí, ha acompañarnos en la misa que ellos tanto escucharon y oraron,
y los cantos vuelven a entonarse en la Iglesia La Merced,
porque en ella pendientes estamos de escuchar los ruegos de la misa,
pendientes estamos todos a los que ellos nos dieron tanto amor,
la Iglesia llena está de todos los seres que ellos encausaron por los caminos de Dios,
las luces del altar ya brillan con todo su esplendor,
el ave María entonado por voces maravillosas,
el cielo se ha empezado a despejar y el sol brilla de nuevo,
los ramos de gardenias, gladiolas, alcatraces, rosas de tantas flores adornan el altar,
todo, todo se engrandece en esta gran misa,
misa a la que dos seres maravillosos desde el cielo han venido a escuchar con nosotros,
por nuestros ruegos a Dios por un mundo mejor lleno de amor,
por ese amor que ellos en vida nos prodigaron,
al sonido de las campanas más y más de nosotros llegan,
sí, en espíritu y en vida nos hemos reunido a escuchar la santa misa,
apurémonos, el Padre comenzará ya la misa,
y juntos todos con lágrimas en los ojos,
hemos de comulgar para recibir la bendición de Dios,
y cuando partamos de esta vida vayamos con ellos a reunirnos para adorar a Dios.

Lágrimas en el alma   09-26-13

Lágrimas, lágrimas son solo lo que hay en mi alma,
los días con tanto amor se quedaron atrás,
los días con tantas esperanzas e ilusiones se acabaron,
los días de sufrimientos y de alegrías también se fueron,
oh sí, pero los viví y los disfruté en cada día de mi vida,
por eso, ahora son las lágrimas las únicas que me acompañan,
oh sí, pero son lágrimas de nostalgia por la dicha vivida,
oh sí, porque cada día tuvo tanto que valorar,
por tanto amor que recibí,
hoy sé que tendré que preguntar por cada día que dí,
oh sí, si fue de desdicha o de felicidad cada uno de esos días,
porque mi vida la tracé sobre metas,
metas que me propuse y que debí cumplir una a una,
metas que algunas fueron tan duras por realizar,
metas que absorbieron tantos días que no los vi pasar,
metas que si otros lograban yo sentía el reto de lograrlas también,
en ellas invertí mi vida y comenzaron los regalos de Dios,
regalos que transformaron mi vida en nuevas metas,
nuevas metas que volvieron a consumir cientos de días,
pero las metas que nos impusimos se fueron cumpliendo,
pero también los días pasaron sin sentirse,
días que se convirtieron en años,
por eso hoy solo hay lágrimas en mi alma,
porque hoy no sé cuáles son más si las de felicidad o las de tristeza,
oh sí, porque con la ayuda de Dios se cumplieron tantas metas,
pero también faltaron muchas por cumplir.

Belleza de sentimientos   09-10-13

Por eso te amaré mi amor eternamente,
sí, porque llenaste mi vida de emociones de amor,
tocaste suavemente mi corazón con la belleza de tus sentimientos,
encendiste las luces en mi corazón para encontrarte y amarte,
supiste disipar todas las tinieblas de mi vida,
fue tu lucha constante por apartarme del sufrimiento tu principal meta,
llenaste mi vida con palabras constantes de amor,
tu candor e inocencia marcaron siempre tu ser,
las flores como las gardenias,
se opacaron siempre con la nobleza y belleza de tus sentimientos,
porque en tí, amor y nobleza brillaron siempre como tu belleza,
siempre desterraste el dolor y la angustia con tu forma de ser,
ni nuestras hijas cambiaron tu forma de ser,
yo no he tenido que llorar por desamor,
mis ojos se llenan de brillo al sentir tu amor,
las tragedias de mi niñez y juventud tú si las borraste con tu amor,
eres como un sueño de amor hecha mujer,
en la vida y en la eternidad me faltará tiempo para retribuir tanto amor,
solo espero que en tu mente abrigues las mismos sentimientos por mí,
porque en mi vida sería la mayor tragedia si en tí no hubiese lo mismo,
porque para mí nada se compara a tí.

Llorar tu muerte   10-02-13

La muerte siempre nos acompaña y se lleva a quien menos esperamos,
por eso cuando se menciona la muerte de alguien mis recuerdos saltan,
saltan para hacerme llorar ante lo que ya no hay remedio,
la soledad siempre me acompañó,
pero el saber que estabas, ahí donde podía encontrarte, me confortaba,
hoy ya ni eso, ya no estás, partiste para no volver,
y hoy sí, mi llanto no tiene fin cada vez que oigo o veo muerte,
porque aún en mi soledad eras quien me debía amar sin condición,
sí, porque me diste la vida, aunque me abandonaste a mi suerte,
a mi suerte sí, porque siempre estuviste atada a tus sentimientos,
entendí desde niño que el amor te ataba a otro que no me soportaba,
y tu amor fue más fuerte por él que por mí,
y me ataste a la soledad desde niño porque no quería alejarme de tu amor,
sí, al amor de madre que nadie podía darme,
y que para sentirlo tenía que vivir alejado de tí,
y si alguien me dice que hoy podrás estar junto a mí desde el cielo,
sé que tampoco podrá ser,
ya que ahora te ata el amor a Dios,
porque ahora tu destino es servir a Dios,
y el mío seguir viviendo en la soledad y ahora sí, llorándote como nunca,
porque hoy sí sé que ya nunca en esta vida, podré volver a vivir contigo,
sí, vivir contigo como cuando me diste la vida,
por eso hoy mi llanto es más fuerte que nunca,
porque sé que solo en la eternidad nos podremos volver a ver,
pero sí, sin esa compañía que tanto deseé y que tú casi nunca pudiste darme.

Búsqueda en vano 09-11-13

Paso a paso te busqué toda mi vida,
siempre pensando en el amor y nunca en el dolor,
difícil sí, fue el encontrarte ya que lo que pedía era bondad y amor,
pero como encontrarte si la vida pasa tan rápido,
cuando por fin te encontré, para mí ya fue demasiado tarde,
tarde porque me aferré a vivir los momentos en que me dieron amor condicionado,
pero seguí buscándote siempre, pensando en la pureza de los sentimientos,
y no la belleza ni lo fácil del dinero,
te busqué para reflejarme en tu vida como tú en la mía,
te busqué para construir un poema de amor y de vida,
un poema que sirviera de ejemplo a los demás,
una vida donde no cupiera el dolor ni la ingratitud,
sino la construcción de una vida ejemplar,
pero en mi absurda vida no te encontré en tu momento,
porque a mi vida llegaste demasiado tarde,
hoy veo que ni siquiera en tu mente pudiese haber un pensamiento por mí,
por eso hoy, para mí, la vida es tan solo un pasaje más de frustraciones,
porque me sentí siempre como un extraño que no cabía en el mundo,
sí sé, que fue un privilegio vivir como viví,
pero siempre sentí la necesidad de encontrar mi alma gemela,
ese ser con el que podría compartir lo mejor que la vida siempre me dio,
hoy tan solo me queda esperar el final tratando de dejar mi ejemplo,
en la vida no se debe buscar lo ideal sino construirlo cuando te dan amor.

Odios entre Naciones

09-16-13

¿Cómo relevar los odios que nuestros Gobiernos crearon en nosotros?

Con sus guerras estúpidas donde murió tanta gente,

cuando se debería cobrar cada vida sacrificada por los ideales de cada Gobierno,

cuando tantos quedaron en la orfandad, mutilados, en la viudez y tantos sacrificados,

hoy nuestros Gobiernos intercambian la fabricación de mercancías,

irónicamente con quienes más se le atacó o se nos inculcó odios hasta la muerte,

hoy, nuestros Gobiernos disfrutan de la riqueza que les produce el intercambio,

pero ¿Cómo, cómo vencer el odio inculcado cuando costó tanta sangre de los de uno?

debería juzgarse y condenarse a la pena capital a quienes llevaron a las guerras a nuestros países,

porque hoy todo lo disfrazan para hacernos ver que nada pasó, y que inútil fue tanto sacrificio,

porque hoy vestimos la ropa fabricada en los países enemigos,

u hoy comemos o bebemos la comida o bebidas elaboradas en los países enemigos,

o trabajamos con las herramientas o artefactos fabricados por nuestros enemigos,

es verdad que debemos desterrar esos odios,

¿Pero cómo perdonar a quién nos llevó a eso?

Solo la caridad humana nos puede hacer guardar esos sentimientos en nuestra memoria,

ya que nada ni nadie puede hacer nada por desterrar de la humanidad esos conflictos,

conflictos que muy difícil es saber quien los planea y cuál es el fin de realizarlos,

no se puede entender la magnitud del sufrimiento de los pueblos a los que se somete a guerras,

millones de seres que pierden la vida o quedan deshabilitados o como lo hemos visto en la desgracia,

¿Quién podrá parar esos conflictos y desterrar de la humanidad tantos odios e intereses mezquinos?

Tus esfuerzos   09-18-13

Vivir soñando siempre con el amor, con la vida plena,
y encontrarte con la realidad que es tan cruel e inconcebible,
ya que mientras luchas por tener para dar a quien amas,
no siempre te es retribuido tu esfuerzo con el mismo amor,
pensar que la vida en tu lucha poco a poco se va acabando,
y en esa carrera vas dejando tu salud y tus sueños de un amor profundo
de un amor que se llene de satisfacciones cuando te corresponden con amor,
los problemas se disipan con la armonía del amor,
sueñas y compones poesías a quien tanto amas,
la vida se te va llenando de alegrías y felicidad,
tus luchas siempre se ven compensadas por el triunfo de tu esfuerzo,
vivir en un mundo como el nuestro no es fácil,
a cada instante ves tragedias, muertes, crímenes y tantos fracasos laborales,
por eso cuando tienes el amor correspondido ¿Qué te importa el mundo?
lo tienes todo para vivir con demasiada alegría,
pero ¿Qué pasa cuando te enfrentas a una lucha diaria con quien amas?
Cuando ves que en nada te corresponden,
que siempre es una lucha diaria por demostrarte cuanto te repudian,
y te preguntas una y otra vez,
¿Por qué, porqué si lo doy todo, porqué?
pero ninguna respuesta encuentras,
solo una, a tu amor imposible, resígnate a lo que tienes,
la vida se te consumió en la lucha por sobrevivir,
solo te queda esperar la muerte,
ya no esperes amor de quien nunca te amó.

Cantas

10-01-13

Pesar en el alma cuando oigo tu cantar,
en él encierras tanto esplendor y a la vez tristeza pero también alegría,
cantas a la vida como si ella te reprochara tu vivir,
o cantas a la belleza de la luz del cielo que te ilumina,
las flores son también parte de tu cantar,
en tu voz denotas la profundidad de tus sentimientos hacia el amor,
por eso digo rompe con tú cantar la tristeza de mi alma,
acompáñala con el azul del río por donde cantas con tanta emoción,
renace los versos que tu cantar envuelve como una flor,
porque llena está tu cantar como la flor de esencias y vida para engrandecerte,
cántame para levantar esta tristeza de mi corazón,
tristeza que sembraron en mí con envidias y desprecios,
déjame desterrar de mi alma esa amargura que arrastro,
tú si tienes el don de motivar el alma con tu cantar,
las estrellas relampaguean más cuando lo haces,
tu ternura es infinita y siento en mis pensamientos tu alegría,
vamos, destierra de mi corazón tanto dolor,
lléname la vida de amor como solo tú sabes darlo,
los remordimientos desaparecen con el sonido de tu voz,
hagamos el amor con tu pasión y tu cantar,
llévame al éxtasis de tú pasión,
que a la eternidad podremos conquistar con un amor como el tuyo,
y juntos podremos cantarle a Dios para engrandecer nuestras almas.

Alcoholismo y Drogadicción   10-12-13

Guardo en mi corazón el pesar de mi niñez,
me reprocho el no poder olvidar el dolor,
cuando guardaron en mi mente tanta tragedia,
los años que debieron ser los más felices, no lo fueron,
fueron los años de los golpes y los gritos,
tan solo era yo un bebé y la tragedia del alcoholismo paternal nos azotaba ya,
la muerte rondó nuestra niñez siempre,
solo la tristeza y el miedo adornaban nuestros juegos de niños,
pero el dolor de la niñez no desapareció,
la separación paternal aumentó nuestra miseria infantil,
la inmadurez y la amargura empañaron el amor maternal,
sí, porque su calvario casi la mató,
y la adolescencia de nosotros se marcó por el dolor y la ineptitud maternal,
hoy que el dolor en el corazón no desaparece,
hoy pregunto:
hoy cuando se quieren legalizar las drogas,
¿Qué nuevas tragedias infantiles habrá?
¿Qué clase de niños nacerán?
¿Qué clase de adolescentes serán?
¿Qué nuevas tragedias paternales ocasionarán?
¿Qué podrán hacer las madres golpeadas y vejadas por sus maridos drogadictos?
¿Qué clase de sociedad se creará?
¿Cuántos más preferiremos no haber sido engendrados por padres viciosos?
Por eso hoy digo:
Honor a quien sin medir las consecuencias propone legalizar las drogas,
Porque de Eso acabarán con las tragedias,
¡Al acabar con la humanidad!

Navegar por la vida   10-12-13

Navegando siempre por las rutas de la vida,
va uno encontrando placeres y tragedias,
las que muchas veces esparcen nuestras vidas en pedazos,
navegando por la vida se encuentra uno cosas imperceptibles,
detalles que a veces torturan nuestras vidas,
pero en algunos momentos la luz divina mengua nuestro sufrir,
y nos hace renacer nuestras esperanzas de vida,
continuamos siempre navegando por lo desconocido,
pero siempre a nuestra manera,
vamos recogiendo también amor, triunfos, logros, pero también fracasos,
pero también problemas que como vientos bruscos nos desvían de nuestras rutas,
encontrándonos con el dolor y el sufrimiento,
pero también con la esperanza que nos devuelva a nuestra ruta,
pero a veces las oportunidades del amor profundo nos hace detener nuestro navegar,
pero también en la calma de ese amor podemos perdernos en su profundidad,
porque en ese amor profundo encontramos porciones del cielo,
porciones adornadas de flores, risas y grandes emociones,
pero si ese amor profundo se vuelve falso,
el volver a retomar nuestra ruta se vuelve difícil y a veces imposible,
a veces nuestra nave quedó tan golpeada que difícil parece volver a navegar,
pero a veces la luz divina nos ilumina nuevamente y volvemos a navegar,
siempre en la esperanza de una vida hermosa y llena de felicidad,
diciéndonos siempre, Está en tí!, está en tí la mejor esperanza de vida y felicidad,
la lucha se vuelve más intensa cuando así lo comprendemos,
sabemos que debemos vencer cualquier tormenta hasta llegar a nuestro destino,
porque nuestro destino es encontrar la paz consigo mismo,
y así encontrar a Dios sin arrepentimientos de nuestro navegar.

¿Fui?

Pareciera que me pierdo en el infinito del espacio,
mis pensamientos me llevan a la incógnita de saber si fui o no fui,
en el fondo del corazón siempre hay dudas de saber cuánto mal hicimos,
se llevan muchas tragedias en el alma y se reflejan en la mirada siempre,
la tristeza de un rostro pareciera ser el canto de la vida,
cuantas veces lo habré expresado y sin saber si lo reflejaba,
en el alma llevé siempre tantas ilusiones de vida y amor,
de grandezas que podría realizar y que no logré,
vivir envidiando no fue mi estilo de vida,
pero sí la tristeza del alma me acompañó,
por no saber separar la maldad de la hipocresía cuando me ofrecían amor,
no era posible aceptar que mientras me daban su pasión había amor,
entregas llenas de falsedad y desamor, una indiferencia en cada noche,
por eso mi sentir era como el de un caracol, escondido siempre en mis pensamientos,
tratando siempre de comparar el esplendor de una flor con el amor profesado,
brotaba con todos sus colores pero se marchitaban luego, luego como las flores
amores de un momento, que solo satisfacían sus instintos dejando solo vacía el
alma,
¿En que pagina poder escribir historias amargas de amor?
Sí, solo estaban llenas de amargura y soledad por el vacío de sus corazones,
en quien podría confiar si todos me traicionaban,
todos se mostraron con la hipocresía que les caracterizó,
nunca me dieron la verdadera cara que tenían,
por eso hoy cuento con los dedos las verdaderas personas que en mi vida me
ayudaron,
que no fue posible confiar en un mundo tan perverso que solo los mueve el
poder,
siempre vi que los movía el interés pero nunca la sinceridad,
por eso hoy pienso que la muerte a mí no me asustará en la soledad,
ya que fue la soledad la que más me acompañó.

Madres, hoy Abuelas   11-17-13

¡Ser madres! Fruto maravilloso del amor "los Hijos"
dedicadas en cuerpo y alma a su cuidado y formación,
dedicadas sin escatimar esfuerzos y salud por ellos,
dedicadas a valorar y educar con valores a esos hijos maravillosos,
en su esfuerzo, sacrifican todo por el amor a ellos,
en su esfuerzo, jamás esperan de los hijos ni la gratitud,
en su esfuerzo, se olvidan de sí mismas,
y en lo maravilloso de ser madres pronto se convierten en abuelas,
nuevamente se ven maravilladas por esos seres, ¡Los nietos!
nuevamente ven a esos nietos como si fueran sus hijos,
pero, esos nietos requieren de más esfuerzo, amor y cuidado,
y he aquí que esas madres maravillosas, ¡Hoy abuelas!
hoy con todo el amor vuelven a dedicarse a ellos,
hoy nuevamente vuelven a dedicar sus vidas ahora, a sus nietos por amor,
y por amor a sus hijos y hoy sus nietos,
decimos, ¡Gracias Madres hoy Abuelas!
¡Gracias con todo nuestro amor!

A mi hija   11-17-13

Grande es el amor que he encontrado en tí,
grande porque nunca imaginé amarte tanto,
grande es porque en tí me he redescubierto,
porque en el azul del cielo y el infinito es como siento el amor por tí,
la gloria tan grande de ser madre me la diste tú,
el sentirte en mi vientre fue sentir crecer mi amor infinito por tí,
día a día, el velar y cuidarte, me hace sentir lo grandioso de ser madre,
en tí se ha forjado mi destino y mi gloria,
porque tú me amas,
en tí ser madre es el esplendor de vivir en un paraíso,
amarte para mí es incondicional,
porque amarte es amarme a mí misma,
porque tú eres parte de mi ser,
por eso el amarte hija mía,
me amo a mí misma.

A mi madre con amor   11-17-13

Me diste la vida cuidando de mí hasta el nacer,
cuidaste de mí enseñándome a caminar, hablar y cuán valioso es ser mujer,
sí, una mujer con tanto valor como tú,
me enseñaste que el estar rodeada de lujos o pobreza eso no lo era todo en la vida,
me enseñaste con tu ejemplo de vida que era ser mujer,
derramaste tantas lágrimas en mi crecimiento,
lágrimas que quisiera pagarte con todo el oro del mundo,
tus desvelos, apuros, alegrías y oraciones por mí, me enseñaron tanto,
tanto aprendí de tí que el ser mujer no era nada fácil,
me enseñaste a luchar como tú por vivir,
que no todo era amor y felicidad,
que en la vida había que ganarse ese lugar que como mujer fuiste tú,
siempre admiraré tu valor y sacrificio ante la vida,
fuiste y serás para mí un verdadero ejemplo de vida,
¡Gracias, madre mía!, por hacer de mí una mujer como tú.

Balances de la vida   10-2013

En ese balance de la vida y la muerte,
¿Cómo distinguir entre el dolor, la tragedia y la salud?
Esa salud moral, física y espiritual,
¿Cómo distinguirla? Si no se sabe distinguir entre el bien y el mal,
Y en ese análisis de la vida vemos que,
las lágrimas o la risa generalmente ambas, son parte del vivir,
y entre esas lágrimas o risas decimos,
¿Mamita, mamita linda dónde estás?
Un grito que sale del alma cuando se ha ido nuestra madre,
cuantas palabras y obras que dejamos de hacer para ellas,
cuantos besos quisimos darle y recibir de ellas,
cuantos consejos nos perdimos de recibir de ellas,
cuantas veces quisimos refugiarnos en su tierna mirada,
cuantas veces quisimos refugiarnos en su regazo,
cuantas veces lloramos y lloramos por una palabra de amor de ella,
cuantas veces ella siempre acudió a nuestro lado para cuidarnos,
por eso, hoy en el balance de mi vida, veo su obra,
hoy sé, que como madre me dió tanto,
que hoy puedo diferenciar entre el bien y el mal,
hoy puedo decir adiós mamacita linda donde quiera que estés,
por mi maldad no has de llorar,
tu llanto será de la emoción de verme caminar por el bien, que tus lágrimas me
enseñó,
y hoy puedo decir gracias madre mía, tu obra soy yo.

Cascada de palabras

10-19-13

Como cascada brotan tus palabras,
palabras que encierran tantos misterios,
palabras que generan tristeza, dolor, incertidumbre y enseñanzas,
palabras que a la vez son emotivas e interesantes,
palabras emotivas porque a la vez encierran tanto mensaje,
en el ayuno de la vida tus palabras son mi oración,
con tus palabras puedo soñar,
con tus palabras por la vida puedo pelear,
con la emoción de tus palabras puedo cantar,
con tus palabras, a la vida la puedo pelear,
en el encaje de tus palabras el amor se puede encontrar,
por miedo a la vida encerré mi ser en el orar,
escuchar que en tus palabras encierran también dolor infantil,
y al comprenderlo se puede evitar repetir tu dolor,
al escucharte se puede planear una mejor vida,
y también con tu voluntad mi entereza se vuelve inquebrantable,
porque encierras tú, una férrea voluntad para vivir,
una enseñanza que no se puede despreciar sino engrandecerla,
con tu ejemplo, la vida será ahora mucho más fácil desarrollarme en ella,
gracias por tu amor y tus palabras que hoy sé,
fuiste la mujer ideal para vivir a tu lado.

Amparo de luz   10-02-13

Son tus ojos el amparo de luz de mi amor,
en ellos encuentro la verdad del amor,
la cadencia de tus movimientos te hace ideal,
tu voz alimenta cada día la esperanza del amor verdadero,
porque tu corazón está lleno de ternura,
y porque entregas tu corazón con tanto amor,
tu belleza no es solo en tu físico, sino también en tu alma,
encontrarte en lo escabroso de mi camino fue un milagro,
hoy entiendo que eres un milagro de amor,
mi conciencia y mis pensamientos se llenaron de tí solamente,
como no tratar de encontrar el camino que me lleve a engrandecerte,
las riquezas sé que no son tu interés sino la vida plena de amor,
luchar por darte satisfacciones y no sufrimientos es mi razón de amarte,
llenarte la vida de ilusiones, emociones, alegrías y mucho amor es mi tarea,
porque en tu alma encuentro todo lo que una mujer puede amar,
eres símbolo de cooperación y esfuerzo por enternecer nuestra relación,
eres como dije un amparo contra la injusticia de la vida,
a tu lado mis sueños son dulces, sin amarguras, porque tus palabras son amor,
en tí la gracia de ser mujer complementa mis sueños de amor,
las pesadillas de mi vida se esfumaron a tu lado,
como si fueses una medicina, mi vida se llenó de salud a tu lado,
mi alma se ha impregnado de amor y oraciones por la vida a tu lado,
por eso puedo decir qué maravilloso es amarte.

Suave ternura   10-25-13

Suave ternura tienes en tu manera de hablar y de ser,
quien te ve o te escucha, maravillado se queda de verte y oírte,
eres un dichado de ternuras al hablar y sonreír,
tus miradas esconden tu gracia e inocencia angelical,
tu angelical sensibilidad es dar amor y compañía,
a tu lado el tiempo pasa tan veloz que no se siente,
como mujer, tu belleza es grandiosa tanto física como espiritual,
en el espacio en que vives florecen todas las flores al sentir tu aroma,
te coronas en el espacio de tu hermosura como una gardenia,
estás llena de aromas de amor y dulzura,
no deseo divagar por la vida cuando sé que tú existes,
que en tí hay tanta belleza,
que hay tanta sabiduría, que es difícil despreciarte,
en tí se puede encontrar las llaves del paraíso,
en tí encontré el ocaso más hermoso porque me regalaste la mejor noche,
noche que se convirtió en el paraíso de nuestro amor,
las horas pasan a tu lado convirtiéndolas en años de dicha,
porque es así como hoy vivo la vida,
solo esperando llegar a tí para amarte como solo tú lo sabes hacer,
en el espacio de nuestras vidas todo se ha tornado en maravillas,
en tí se puede encontrar tantas razones para vivir que son incontables,
no puedo más que gritarle a todo el espacio cuán feliz soy con tu amor.

Pequeña   10-25-13

Me lleno de incertidumbre al saber que quizás no te comprendo,
el verte con tu mirada tierna y a la vez como si dudaras de mí,
en tu corazón que está apenas empezando a vivir, ya lo oigo atemorizado,
tu mirada como perdida me hace pensar que no estoy haciendo lo que tú esperas,
que a esta vida llegaste con tanto temor y tuviste que sufrir en tus primeros días,
que ahora que corres gritando de alegría, me confundes si de verdad lo es,
porque cuando veo tu mirada perdida siento que vuelven tus temores,
por eso siento que debemos darte tanto amor como tú lo esperas de nosotros,
que tus cuidados se intensifiquen para lograr ver tu mirada con más confianza,
nosotros sí sabemos que la vida es dura y que a tí debemos cuidarte y encauzarte,
encauzarte con todo nuestro cuidado y amor, anteponer primero nuestra
atención por tí,
tus palabras que aun no entendemos bien, tú si nos entiendes pero con cierto temor,
por eso siento que todo nuestro amor a tí lo debemos dedicar con mayor dulzura,
porque tú lo has esperado de nosotros,
porque oírte cuando me gritas con tanto cariño, ¡Papi! mi corazón se estremece,
te siento vivir con tanto amor que quiero correr a levantarte en mis brazos para
cobijarte,
no puedo más que pedirle a Dios que si me permite, me de la gracia de cuidarte,
porque así como a ti, a mis demás nietos les debo la vida
porque todos son mi mayor razón para vivir,
todos son mi mayor deseo por regalarle lo último que me quede de vida,
darles todos mis bienes a través de sus madres para que les ayude a vivir,
para que la vida no se les haga tan difícil y sea mejor que la de nosotros.

ÍNDICE

Prólogo 5

Verdades o mentiras 6

¿Un amor? 7

Rencores 8

Decepciones 9

Belleza infantil 10

Mi vida en pedazos 11

Tiempo de valorar 12

Adiós tristeza 13

Dudas en el corazón 14

Soy 15

Llegaste con amor 16

¿Encontré? 17

`¿Sin tí? 18

¿En el Final? 19

¿Una vida? 20

Tú, nuestro gran amor 21

Tu mirada 22

Bajo una tormenta 23

El Aguila sobre un nopal 24

Te encontré 25

Tus tierras profanadas 26

Valgo tanto 27

Mi tarea 28

Momentos tormentosos 29

¿Desperdicio de vida? 30

Como un iluso 31

Un ser soberbio 32

Tu dureza 33

Llenas mi mente de dudas 34

Recuerdos maternales 35

Una rosa roja 36

El silencio en la vejez 37

Búsqueda desesperada 38

¿Recuerdos? 39

Vivir en mis recuerdos 40

Madre 41

A esas almas llenas de compasión 42

Yo 43

Sueño de amor 44

Un país desgarrado 45

Vacíos 46

A su Santidad Juan Pablo II 47

Un ser como tú 48

A Wendy Ponce 49

¿Pasado o presente? 50

Un enfermo 51

¿Soledad o ceguera? 52

Amarte u odiarte 53

Te vas 54

La mujer soñada 55

El alma entristecida 56

Amor o pasión 57

Mí mismo 58

Mía 59

Mi propio espejo 60

La Infamia de Somalia 61

Caty 62

De tu amor 63

Librarte de mi 64

Sentimientos huracanados 65

Tu voz 66

Heroica Escuela Naval Militar 67

Partirás 68

Lágrimas por tí 69

La mujer que yo soñé 70

¿Empresario? 71

Infante de Marina 72

Marcha de Honor a los nuevos Héroes de la Patria 73

Día de los muertos 74

Al ensueño de amor 75

La prehistoria 76

Dios 77

Percepción 78

Enfermeras Militares 79

Ese gran amor 80

MIA 11-14-11 81

Silencio 82

Tu voz encantadora 83

Golpes 84

Pasado y presente 85

Tu imagen divina 86

En algún lugar 87

¿Sonreír? 88

Mi delirio 89

Oh Patria mía 90

Pensamientos lacerados 91

Sentimientos de amor 92

¿Perdón? 93

Incertidumbre 94

Descubrimiento 95

Soñar 96

Iluso 97

Imagen y soledad 98

Primavera 99

¿Destruido? 100

Juventud 101

Mujer y belleza 102

Infamia y locura 103

Fría y astuta 104

Vida sin amor 105

¿Empatía? 106

Cantos de amor 107

Perderte 108

Enmarcarte 109

¡Oh Patria! 110

Rayos de sol 111

Pensamientos de Amor 112

¿Cómo tú? 113

Ser única 114

Recibí de tí..115

Tanta belleza 116

Sueños..117

Esclavo de tu amor 118

Una Nación..119

Volver a oírte...120

Ante tanta maldad 121

Mi gran amor...122

Mía la pequeña..123

Sueños o realidades...124

Liam 125

Tu primer día 126

El tiempo 127

Amor especial..128

Cuando las aves cantan...129

Una niña 130

Desorientado..131

Hermana 132

Una imagen..133

Mi mejor Historia 134

El Mar..135

¿Un futuro?..136

`El llanto de un bebé..137

¿Pensamientos? 138

¿Joyas? 139

Tu pequeñez...140

Tu llanto...141

El cielo azul..142

Mi Patria 143

Hipocresías...144

Sueños desvanecidos..145

Misterios 146

En mi camino...147

¿Guías?...148

¿Un gran amor?..149

Penumbras 150

Tiempo y cansancio...151

Regresaste 152

Espectáculo en mi corazón 153

Final 154
Llanto y tristeza 155
Navidad 1968 156
La vida y sus caricias 157
Detén el tiempo 158
Falso amor 159
Esquivar 160
12 de Enero de 2012 161
¿Civilización moderna? 162
Corazón ilusionado 163
Luna de hiel 164
Perderte 165
¿Inocente? 166
Emoción en las venas 167
Yo el pueblo 168
Entrega 170
Naciones progresistas 171
Música del Pasado 172
Servir a tu Nación 173
Caminar 174
Marielena 175
Los caminos de Dios 176
Cambiaste mi vida 177
Vivir amando 178
Fuiste Tú 179
Ansiedad de amar 180
La amistad 181
¿Negociar con la muerte? 182
Tu canto 183
Mi vejez 184
100 Días 185
Ternura infinita 186
Conocerte 187
Servir a Dios 188
Miradas de mujer 189
Hambrientos 190
En otra vida 191
Debo vivir 192
Soledad y tristeza 193

Mundo sin fronteras 194
¿Viejo? 195
Liam nuestro nieto 196
Jardín de la Paz 197
Dudas 198
Luces en el cielo 199
Madre 200
Aarón 201
10 de Mayo 202
Tu graduación 203
Tus lágrimas 204
Mi Nación 205
El baúl 206
A tí mi llanto 207
Paseo de Jacarandas 208
Amenaza del cáncer 209
Sensibilidad 210
Tu abandono 211
La vida con tu amor 212
¿Seguridad amorosa? 213
Humo de amor 214
El tiempo y la música 215
Un ser tan amado 216
En tu sepulcro 217
Grito de amor 218
Caminar de tu mano 219
¿Mis pasos? 220
Sueños y realidades 221
Vuelve 222
¿Tristeza? 223
Por mucho tiempo 224
Búsqueda inútil 225
Incomprensible 226
La vida y sus adversidades 227
¡Hey! 228
Una época 229
Abandono 230
Vivir equivocado 231
Algún día 232

Las olas del mar...233
Las minorías..234
`Adversidades..235
¿Amor?...236
Una Nación engañada...237
Dos Almas del cielo...238
Lágrimas en el alma...239
Belleza de sentimientos..240
Llorar tu muerte...241
Búsqueda en vano...242
Odios entre Naciones..243
Tus esfuerzos...244
Cantas...245
Alcoholismo y Drogadicción...246
Navegar por la vida...247
¿Fui?...248
Madres, hoy Abuelas...249
A mi hija..250
A mi madre con amor..251
Balances de la vida...252
Cascada de palabras..253
Amparo de luz...254
Suave ternura..255
Pequeña...256